상 실 과

슬 픔 을

회 복 하 는

마 음 연 습

.
.

근거기반
심리치료로
배우는 애도와
자기돌봄 가이드

# 책을 옮기며

인간의 삶은 상실의 연속입니다. 세상 어느 누구도 상실의 경험을 피할 수는 없습니다. 누군가 또는 무언가를 잃는다는 것은 단순히 그 대상의 부재 만을 의미하는 것이 아닙니다. 함께 나눈 일상의 습관들, 주고 받았던 대화와 생각들, 함께 있어 당연했던 시간들이 모두 함께 사라지는 것처럼 느껴지는 일입니다. 커다란 빈자리를 안고 새로운 하루를 보내게 됩니다. 그러다 어느 날 아무렇지 않은 척 참아왔던 슬픔이 예상치 못한 순간에 마음을 덮치고, 괴로운 감정은 방향 없이 흘러갑니다. 어떤 날은 괜찮은 것 같다가도, 어떤 날은 다시 이별한 그 순간으로 돌아간 듯 무너지는 날이 있습니다.

그러한 힘겨운 시간을 홀로 보내고 있는 분들에게 이 책은 애도 과정과 자기돌봄을 위한 친절한 가이드가 될 것입니다. 애도 과정은 극복하는 것이 아니고, 혼자서 감당해내야 하는 것도 아닙니다. 표현되는 슬픔이 어떤 모습이든 모두 괜찮습니다. 이 책에서도 상실의 슬픔을 '문제'로 보지 않습니다. 슬픔을 억누르고 벗어나기 위해 애쓰기보다는, 슬픔의 감정을 이해하고 자연스럽게 표현하기를 강조합니다. 상실의 슬픔은 그 사람을 깊이 사랑했고 그리고 함께 보낸 시간들이 얼마나 소중했는지를 드러내는 증거입니다. 이 책에서 소개된 여러 연습들은 슬픔의 감정에 머물면서도 동시에 다시 살아갈 힘을 회복할 수 있도록 도울 것입니다.

제가 이 책을 선택한 이유 또한 제 자신과 저와 가까운 누군가, 그리고 진료실에서 만나는 많은 분들이 소중한 이를 떠나 보낸 슬픔으로 고통 받고 있기 때문입니다. 이 책은 충분한 이론적 근거와 효과가 입증된 심리치료의 내

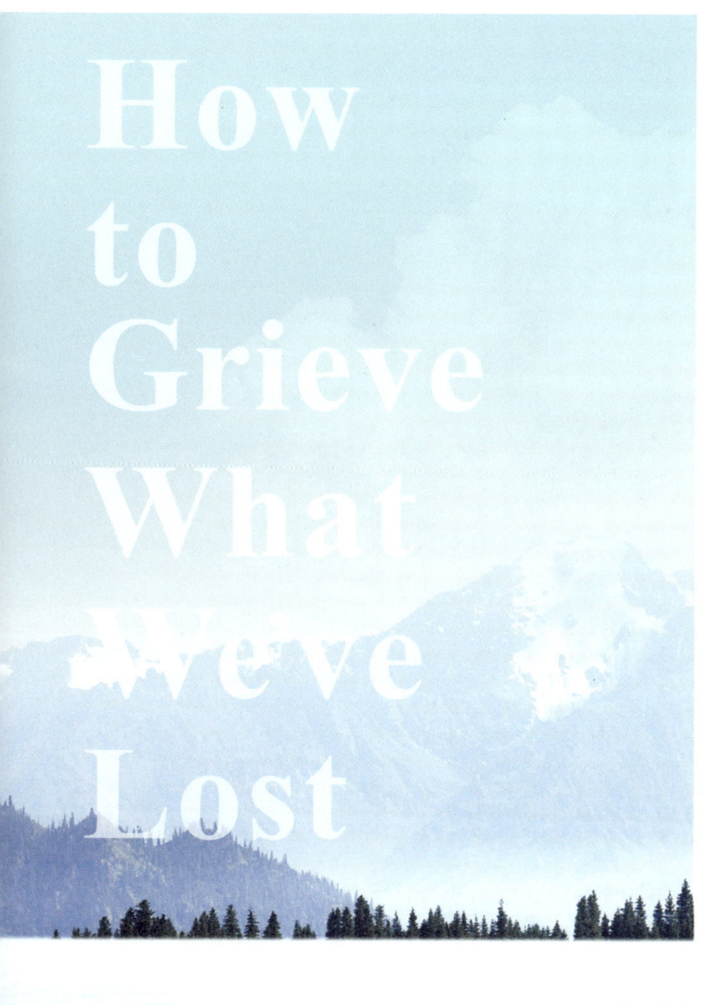


상 실 과
슬 픔 을
회 복 하 는
마 음 연 습

．
．

근거기반
심리치료로
배우는 애도와
자기돌봄 가이드

옮긴이
정영은

Russ Harris · Alexandra Kennedy, LMFT · Sameet M. Kumar, PhD
Mary Beth Williams, PhD · Soili Poijula, PhD

# 상실과 슬픔을 회복하는 마음 연습

첫째판 1 쇄 인쇄 | 2025년 7월 11일
첫째판 1 쇄 발행 | 2025년 7월 23일

지 은 이  Russ Harris, Alexandra Kennedy, Sameet M. Kumar,
　　　　　Mary Beth Williams, Soili Poijula
옮 긴 이  정영은
발 행 인  장주연
출 판 기 획  임경수
책 임 편 집  이규빈
편집디자인  조원배
표지디자인  김재욱
발 행 처  군자출판사(주)
　　　　　등록 제4-139호(1991. 6. 24)
　　　　　본사 (10881) **파주출판단지** 경기도 파주시 회동길 338(서패동 474-1)
　　　　　전화 (031) 943-1888　　　팩스 (031) 955-9545
　　　　　홈페이지 | www.koonja.co.kr



ISBN  979-11-7068-276-9 (03180)

정가  13,000원

용을 바탕으로, 경험이 풍부한 심리 전문가들이 많은 사람들의 애도 과정을 함께 걸으며 배운 것들을 담고 있습니다. 크게는 슬픔의 감정을 안전하게 마주할 수 있게 심리적 안정을 돕는 전략, 실제 상실과 슬픔을 어떻게 다루어야 하는지, 그리고 새로운 삶의 방식을 배우고 의미를 찾는 연습들로 구성되어 있습니다. 이 책이 상실의 슬픔과 고통으로 힘겨워 하시는 분들과 그들의 아픔을 치유하기 위해 힘쓰시는 전문가들께 미약하나마 도움될 수 있기를 바랍니다. 무엇보다 슬픔 속에 있는 독자 스스로가 이 책을 통해 자신에게 필요한 정보나 마음을 회복시키는 방법들을 발견할 수 있기를 바라고, 진심으로 응원합니다.

제주의대 정신건강의학과 교수,
제주광역정신건강복지센터장
정 영 은

# 서문

    지난 몇 년간, 우리는 모두 엄청난 스트레스를 겪어왔습니다. 특히 질병, 갈등, 죽음과 같은 경험은 우리를 상실과 더욱 가까이 마주하게 했습니다. 우리는 친구, 가족, 동료, 혹은 그 외 누군가를 잃었습니다. 상실은 누구에게나 닥칠 수 있는 일입니다. 더욱이 COVID-19 팬데믹에 대한 대응으로 사회가 너무나도 빠르게 변화하면서, 우리 중 많은 이들이 단순히 누군가를 잃은 것 뿐만 아니라, '정상'이라고 여겼던 삶의 방식, 생계 수단, 심지어는 우리가 누구인지에 대한 감각을 잃어버렸음에도 제대로 슬퍼할 시간을 갖지 못했습니다.

    슬픔, 상실, 그리고 애도는 다루기 어려운 경험일 수 있습니다. 정서적 고통, 절망, 공허함, 그리고 슬픔은 세상의 모든 사람들이 겪는 정상적인 경험이지만, 우리는 그 속에서 극도로 고립되고, 외로우며, 혼란스러움을 느낄 수 있습니다. 누군가 혹은 무언가를 잃어버린 것에 대하여 의미 있게 애도하는 것과 침묵, 회피, 불안정한 정신 건강의 악순환에 갇혀 있는 것의 경계를 알아차리는 것은 어려운 일입니다.

    그래서 우리는 여러분이 상실을 명확히 이해하고 마음의 평화를 찾을 수 있도록, 우리들의 책 중에서 가장 효과적인 심리치료 기법을 모아보면 도움이 될 것이라고 생각했습니다. 이 책에 담긴 연습들은 모두 철저한 이론적 검토와 연구를 거쳤으며, 슬픔, 애도, 상실감을 느끼는 수백 명, 어쩌면 수천 명의 사람들을 통해 광범위하게 검증되었습니다. 따라서 우리는 이 책 내용 중 적어도 한두 가지는 여러분에게 효과가 있을 것이라고 자신 있게 말할 수 있습니다. 여기 소개된 기법들은 인지행동치료(CBT), 수용전념치료(ACT), 변증행동치료(DBT), 애도 상담, 행동활성화와 같은 효과가 널리 알려진 대표적인 현대의 심리치료들에 기반하고 있습니다. 우리는 이 책이 여러분의 애도/슬픔의 여정에 도움을 줄 수 있기를 진심으로 바랍니다.

알렉산드라 케네디<br>
러스 해리스<br>
사밋 쿠마르<br>
메리 베스 윌리엄스<br>
소일리 포이줄라

# 목차

# 제 1 부

# 심리적 안정을 위한 전략

Strategies for Immediate Relief

　상실은 예고 없이 불쑥 찾아옵니다. 상실은 마치 인생의 항로를 벗어나게 하는 폭풍과 같아서 강렬한 감정과 괴롭고 골치 아픈 생각들의 소용돌이를 일으킵니다. 수년 전에 경험했던 상실이라 할지라도 어느 순간 갑작스럽게 현실로 다가올 수도 있습니다. 이러한 감정과 생각이 통제 불능 상태로 치닫기 전에 이것을 다루는 방법을 배우는 것은, 당신이 일상적인 기능을 유지하면서 자신의 슬픔을 존중하고 삶의 의미를 찾는 과정을 도울 것입니다.

"슬픔은 당신의 심장과

배 안에 머물러 있습니다.

치유를 원한다면, 당신의

주의를 따뜻하고 친절하게

몸으로 가져옵니다."

- 알렉산드라 케네디

# 애도의 장소 만들기

Create a Sanctuary

## What to Know

'애도의 장소'를 만드는 것은 슬픔에 압도되지 않으면서도 효과적으로 우리를 치유할 수 있는 간단하지만 매우 강력한 방법입니다. 우리가 내면을 돌볼 수 있는 애도를 위한 장소를 만든다면, 이 공간은 우리가 슬픔의 과정을 겪는 동안 우리를 지탱해 줍니다. 그리고, 바쁜 일상 속에서도 매일 잠시 동안 슬픔을 표현하고 존중할 수 있는 시간을 가질 수 있게 해줍니다. 그러한 특별한 장소를 가지고 있는 사람들은 슬픔에 압도되기보다는 오히려 일, 학업, 친구, 가족에게 더 집중하고 적극적으로 행동합니다.

애도의 장소가 왜 중요할까요? 무엇이 그것을 특별하게 만드는 걸까요?

- 애도의 장소는 안전하고, 주변의 불필요한 영향이 차단된, 차분한 공간입니다. 이 공간은 마음속에서 변화를 일으키고 치유할 수 있는 힘과 에너지를 담고 있습니다.

- 그 장소에는 제한된 시간만 머무릅니다. 많은 사람들은 명확한 시간 제한이 있을 때 불편한 감정 상태(예: 비통함)를 기꺼이 받아들일 수 있습니다.

- 애도의 장소에서는 치유가 일어나기에 충분할 정도로 내면으로 더 깊이 들어갈 수 있습니다.

- 누구나 쉽게 이용할 수 있으며, 아이들도 이용할 수 있습니다. 애도의

장소를 갖고 있는 사람들은 한때 두렵거나 불안했던 감정 상태를 조금씩 효과적으로 받아들일 수 있음을 알게 됩니다.

- 애도의 장소를 정기적으로 사용하면 슬픔 속에서도 평화로운 마음을 느낄 수 있습니다. 이것은 그 공간을 매일 사용하고자 하는 동기를 부여합니다.

## What to Do

집 안에 있는 어느 한 장소를 선택하세요. 벽장 같은 아늑한 공간이 될 수도 있고, 정원에 있는 의자와 같은 가구가 될 수도 있습니다. 중요한 점은 이 공간이 오직 애도를 위한 장소로만 사용되어야 한다는 것입니다.

애도의 장소를 만드는 과정은 신중하면서도 창의적이고 참신한 과정일 수 있습니다. 슬픔 속에 있는 당신에게 영감을 주고, 당신을 위로하고 보듬어 주는 공간이 되게 하세요. 무언가로부터 방해받지 않는 것이 중요합니다. 일상생활의 요구와 산만함으로부터 벗어나 위로의 장소는 오로지 마음의 치유와 평화를 위한 안식처가 되어야 합니다.

만약 먼저 정한 장소에서 편안함을 느끼지 못한다면, 애도의 장소를 다른 곳으로 옮기세요. 대부분 자신에게 맞는 장소를 찾기 위해 여러 장소를 물색하고 시도해 보는 것이 필요합니다. 예를 들어, 작은 밀폐된 방에서는 불편함을 느꼈다면, 그 대신 마당의 정원 안에 있는 은밀한 자리를 애도의 장소로 선택할 수 있습니다.

애도의 장소를 정한 후에는 그 안에 앉아서 집중할 수 있는 특별한 공간으로 만드세요. 슬픔을 기리는 작은 성스러운 제단으로 생각하세요. 사진, 꽃, 돌멩이, 조개껍질, 보석, 촛불, 천 조각, 그릇, 작은 조각상 등 당신의 상실과 연결된다고 느끼는 물건들로 장식하면 좋습니다. 시간이 지나면서 슬픔의 단계에 따라 그 공간에 두고 싶은 것들이 달라질 수 있으니, 그때그때 자리의 배치를 바꾸어도 됩니다. 애도의 장소를 세팅한 후에는 매일 그곳에서 보낼

규칙적인 시간을 정하세요. 여러 시간대에서 시도해보고 가장 적합한 시간을 찾습니다. 중요한 것은 매일 애도의 장소를 사용하는 습관을 들여, 내면으로 깊이 들어갔다가 다시 일상으로 복귀하는 규칙적인 리듬을 만드는 것입니다.

애도의 장소를 사용하는 것에 대한 불안이 있다면, 처음에는 10분 이하로 짧게 시작하세요. 처음에는 짧고 집중된 시간의 사용이, 감정적으로 압도될 수 있는 긴 시간보다 더 효과적일 수 있습니다. 그러나 궁극적으로 중요한 것은 애도의 장소에서 보내는 시간의 길이가 아니라, 그 시간 동안 당신의 내면에서 일어나는 일들에 깊이 집중하는 것입니다. 그 장소에서 슬픔과 함께 내면에 얼마나 깊이 접근하느냐가 우리를 치유하는 것이지, 머무는 시간의 길이가 중요한 것이 아닙니다.

애도의 장소에서 보내는 시간은 방해받지 않도록 문에 메모를 붙이거나, 휴대폰은 꺼놓으세요. 이제 당신은 슬픔을 위한 성스러운 시간으로 들어가고 있습니다. 애벌레가 나비로 변하는 동안 보호받는 고치처럼, 애도의 장소는 당신이 변화로 인해 취약한 상태에 있을 때 당신을 지탱하고 보호해주는 공간으로 생각하세요.

애도의 장소에 자리를 잡고 앉습니다. 몇 번 깊게 숨을 들이쉬고, 복부를 부드럽게 합니다. 몇 분 동안 제단에 놓아둔 사진과 물건들을 천천히 둘러보세요. 시선을 그곳에 두면서, 당신의 상실이 실제로 일어났다는 지금의 상황을 받아들이세요. 이것을 완전히 받아들이는 데는 시간이 필요합니다.

만약 당신이 여러 가지 상실을 한꺼번에 다루고자 한다면 그것에 압도될 수 있다는 두려움이 커질 수 있습니다. 애도의 장소에서 보내는 특정한 시간에는 한 가지 상실에만 집중하도록 하고, 집중하는 그 상실과 관련된 사진과 물건들을 꺼내 놓으세요. 내면에서 어떤 변화나 치유를 느낄 때까지 그 상실에 집중하세요. 그런 다음, 다루고자 하는 또 다른 상실로 넘어가세요.

# 호흡에 체크인하기

Checking In with Your Breath

## What to Know

과거의 상실 경험을 떠올리거나 그것을 다루는 동안 우리의 몸과 마음이 어떻게 느끼고 어떻게 반응하는지를 자각하는 것은 중요합니다. 자신의 몸과 감정에 집중하고, 자신이 어떻게 반응하고 있는지를 알아차리기 위해서는 처음에는 연습이 많이 필요할 수 있습니다. 괜찮습니다. 이것은 자연스러운 과정이며, 완벽할 필요가 없습니다.

## What to Do

다음의 연습은 당신 자신과 당신의 호흡을 점검하는 데 도움을 줄 것입니다:

1.  하던 활동을 멈추세요.
2.  잠시 동안 조용히 앉아보세요.
3.  주의를 내면으로 돌리고, 자신의 몸이 어떻게 느끼는지 살펴보세요.
4.  몸의 어느 부분에 긴장이 느껴지는지 알아차리세요(예: 어깨, 위장, 턱, 등, 허리).
5.  당신이 혹시 숨을 참고 있는 건 아닌지 알아차리세요.
6.  긴장을 나타내는 행동을 하는지 알아차리세요(예: 손톱을 물어뜯거나 피부를 뜯는 행동).

7. 이제 당신이 느끼는 감정을 인식할 수 있다면(두려움, 슬픔, 분노, 외로움 등) 어떤 감정이 느껴지는지 알아차리세요.

8. 생각이 빠르게 지나가는지 또는 집중을 유지할 수 있는지 알아차리세요.

만약 위에서 언급한 반응 중 어느 한가지라도 알아차렸다면, 이제 심호흡 연습을 위한 시간을 가져봅니다.

1. 바닥에 담요나 깔개를 깔고 그 위에 눕습니다. 무릎을 세우고 다리를 어깨 넓이 정도로 벌립니다. 발끝이 약간 바깥쪽으로 향하게 합니다. 척추는 가능한 한 곧게 유지하세요.

2. 몸 전체를 스캔하며 긴장이 느껴지는 부위를 찾아보세요.

3. 한 손은 배에, 다른 한 손은 가슴 위에 얹어봅니다.

4. 코로 천천히 숨을 들이마시는 동안 배에 얹은 손이 올라갑니다. 이때 가슴은 약간만 움직여야 합니다. 숨을 충분히 들이마신 후 다섯까지 세면서 숨을 멈춥니다.

5. 살짝 미소를 지으며, 입으로 최대한 천천히 숨을 내쉽니다. 숨을 내쉴 때 '후' 소리를 내보세요.

6. 이 과정을 최소 다섯 번 반복하고, 점차 심호흡 시간을 5-10분으로 늘려보세요.

연습을 마친 후 다시 몸 전체를 스캔하여 긴장이 남아 있는지 확인하세요. 이 방법에 익숙해지면, 앉아 있거나 서 있는 동안에도 몸에 긴장이 느껴질 때마다 활용해 봅니다.

# 착지하기

Staying Grounded

## What to Know

'착지하기(그라운딩; grounding)'는 마치 발이 땅에 닿는 것처럼, 안전한 지금 여기에 머무는 것을 의미합니다. 이것은 상실이나 고통스러운 과거 경험이 떠오른 상황에서 정신이 멍해지거나 해리 상태에 빠지는 것과는 반대의 의미입니다. 마음을 안정시키고 지금 여기를 경험하는 착지하기 기법에는 여러 가지가 있습니다.

그 중 몇 가지는 다음과 같습니다:

- 호흡을 통해 지금 이 순간 자신의 몸으로 주의를 가져오기
- 모든 감각을 활용하여 지금 여기 당신 주변 환경을 알아차리고, 그에 대해 다른 사람과 대화하기
- 자신의 신체와 보이는 모습을 알아차림 하기
- 걸을 때 자신의 움직임을 알아차림 하기
- 운동하면서 자신이 하고 있는 것을 알아차림 하기
- 하루 계획을 세우고 그 계획을 다른 사람과 공유하기
- 현재의 경험에 머무르는 시간을 늘리기 위해 스스로 도전하기
- TV에서 본 것을 자신 또는 타인에게 이야기하기
- 일상적인 활동을 다른 방식으로 해보기; 예를 들어, 집안 일을 평소와 다른 순서로 해보기

- 타인에게 연락하고 지내자고 요청하기
- 현재의 경험에 대해 자신에게 속삭이듯 말해주기
- 발을 땅에 단단히 딛고 서서 발바닥의 느낌을 알아차림 하기

## What to Do

신체적, 감정적, 정신적, 영적으로 현재의 경험에 착지한 상태인지 아닌지를 알 수 있는 신호는 무엇일까요? 또는 슬픔이나 스트레스로 인해 방황하는 상태임을 나타내는 신호는 무엇일까요? 일지에 기록하면서 이러한 질문에 대해 성찰해보는 것은 당신에게 필요한 것이 무엇인지 파악하는데 도움이 됩니다.

- 혼자 있을 때 어떤 방법이 착지하기에 효과적인가요? 타인과 함께 있을 때 또는 특정 상황에서는 어떤 방법이 효과적인가요?
- 착지한 상태임을 언제 가장 많이 느끼나요?
- 해리 상태나 멍한 느낌, 길을 잃은 듯한 느낌, 절망감이나 무력감을 느끼는 순간은 언제인가요? 그런 순간에 착지하기는 어떻게 도움이 될 수 있을까요?
- 당신과 함께 생활하거나 관계가 있는 사람들은 착지한 상태인가요? 그렇다면, 그 사람들이 안전하다고 느껴지는 이유는 무엇인가요? 그렇지 않다면, 자신의 안전감과 현재에 머무르는 감각을 보호하기 위해서 그러한 관계를 변화시키거나 자신을 더 잘 돌보기 위해 어떤 방법을 사용할 수 있을까요?
- 당신의 집을 어떻게 하면 착지하기를 위한 공간으로 만들 수 있을까요? 현재에 머무르고 안전함을 느낄 수 있는 공간으로 만들기 위해 무엇을 할 수 있을까요?

## More to Do

당신이 일지에 기록한 상황 중에서 현재에 머무르는 데 어려움을 겪을 때, 착지하기 전략을 시도해보세요. 만약 이 연습이 어려워지거나, 기대만큼 효과적이지 않다고 느껴져도 괜찮습니다. 계속 반복적으로 시도해보세요. 슬픔은 매우 힘겹고 강력해서, 그것과 싸우면서 몸과 현재 순간에 다시 연결되는 데는 시간이 다소 걸릴 수 있습니다.

# 온전한 수용과 함께
# 슬픔 촉발 요인 다루기

Handling Grief Triggers with Radical Acceptance

## What to Know

사랑하는 사람 없이 혹은 상황이 돌이킬 수 없이 변한 상태에서 휴가 기간과 같은 특별한 상황이 되면 우리는 더욱 힘들어집니다. 이때 강한 슬픔을 촉발하는 요인들(관련된 상황, 생각, 감정, 충동, 감각, 기억들)을 피하기 보다는 이러한 요인들이 어떤 역할을 하는지, 예리하고 미묘한 그 슬픔이 당신의 삶에서 어떤 역할을 하는지 이해하려고 노력해 보세요. 이러한 촉발 요인들이 고통스럽긴 하지만, 바로 이러한 요인들을 통해 애도의 과정을 완수할 수 있습니다. 이 촉발 요인들은 당신의 애도 과정이 나선형 계단식으로 휘어지는 방향을 나타냅니다.

상실을 경험한 이후 첫 일년 동안 당신은 세상에서 완전히 혼자이고 취약하다고 느낄 수 있습니다. 특별한 행사나 중요한 순간마다 애도 과정을 처음부터 다시 시작하는 듯한 느낌을 받을 수도 있습니다. 강렬한 고통과 괴로움에 직면할 때 우리의 첫 반응은 보통 그것으로부터 도망치려는 것입니다. 우리가 느끼는 고통이 당연하다는 생각이 들어도 쾌락을 쫓으며 고통을 피하려고 계속 노력합니다. 정상이라고 해도 그 고통이 결코 괜찮다고 느껴지지는 않습니다.

하지만 감정적으로 강렬한 시기에 우리가 고통에 어떻게 대처하는지는 매우 중요합니다. 만약 우리가 고통을 숨기기로 선택했다면 그것은 결국 우리 자신을 속이는 것일 뿐입니다. 아무리 억누르려 해도, 그 고통은 어떤 식으로든 나타나게 됩니다. 고통이 차단되거나 무감각해지면, 우리가 왜 그렇게 느끼는지 그 이유를 알지 못하게 될 것입니다.

## What to Do

그렇다면 슬픔과 고통을 어떻게 해야 할까요? 확실한 건 영원히 도망칠 수는 없다는 것입니다. 그렇다고 그 고통 속에 무한정 머무를 수도 없습니다. 당신이 할 수 있는 것은, 두려울 수도 있지만, 그 과정을 있는 그대로 전적으로 받아들이는 것입니다. 이러한 받아들임을 '온전한 수용'이라고 부릅니다.

이러한 수용을 '온전한'이라고 하는 것은 완전히 무조건적이기 때문입니다. 어떤 것도 외면 당하지 않고, 모든 것이 환영받습니다. 온전한 수용을 통해 우리는 고통스러운 감정들이 결코 저절로 사라지지 않는다는 것을 배우게 됩니다. 그 감정들을 받아들이고 있는 그대로 허용할 때, 그로부터 치유될 가능성이 생깁니다. 온전한 수용을 실천하기 위해, 다음과 같은 문장을 자신에게 반복적으로 들려줄 수 있습니다:

"나는 ___________ (당신의 고통 촉발 요인)으로 인해 내가 엄청난 상실을 경험했다는 사실을 떠올립니다. 나는 _________ (당신의 감정)을 느낍니다. 이 감정들은 지금 이 순간 너무나 강렬하지만, 모든 것과 마찬가지로 곧 사라질 것입니다. 나는 이 감정들을 환영합니다. 왜냐하면 이 감정들은 내가 ___________ (당신이 상실한 대상)을 깊이 사랑했음을 상기 시켜주기 때문입니다."

당신은 여전히 스트레스와 고통을 경험할 수 있지만, 동시에 행복과 즐거움도 경험할 수 있습니다. 세상은 계속 돌아갈 것입니다. 그러나 고통에 대한 당신의 태도와 접근하는 방식은 달라질 것입니다. 비록 우리가 극심한 슬픔의 촉발 요인을 피할 수는 없을지라도, 마음챙김(지금 이순간 경험하는 모든 것에 비판단적으로 주의를 기울일 때 일어나는 알아차림)을 통한 온전한 수용은 우리가 느끼는 것에 저항함으로써 생겨나는 고통의 일부를 덜어줍니다. 고통에 대한 태도를 대립에서 수용으로 바꾸면 실제로 고통을 줄일 수 있습니다.

# 닻 내리기

Anchor Activities

## What to Know

상실이나 스트레스가 많은 삶 속에서 촉발 요인, 악몽, 괴로운 생각들로 인해 어려움을 겪고 있습니까? 이러한 내부 현상에 대해 어느 정도 통제력을 갖기 위한 한 가지 방법으로 '닻(anchor) 내리기'가 있습니다. 로스차일드는 닻을 "구체적이고 관찰 가능한 자원"으로 설명하였는데, 이것은 당신의 마음 밖에 존재하는 자원일 수 있습니다. 이 자원은 소중한 사람이나 애완동물, 장소(예: 집), 물건 또는 활동이 될 수 있습니다. 이러한 닻은 몸에서 안도감과 안녕감을 느끼게 합니다. 현실이 바뀌는 것은 아니지만 닻을 생각하는 것만으로도 촉발 요인이나 침투적인 생각에 대한 제동 장치 역할을 할 수 있습니다. 앞서 기술한 애도의 장소 역시 보호를 제공할 수 있는 하나의 닻입니다.

## What to Do

잠시 시간을 내어 다음 질문들에 대해 답해보세요. 답변을 일지에 기록해도 좋습니다.

- 당신의 물건 중에 정서적 가치가 큰 물건은 무엇인가요? 매일 가지고 다닐 수 있는 물건이 있을까요?

- 괴로운 생각이 지속적으로 떠오를 때, 그 생각이 아닌 다른 것에 집중할 수 있도록 도와줄 활동은 무엇인가요?
- 당신만의 특별한 닻은 무엇인가요?

닻을 성공적으로 사용하기 위해 중요한 점은 그것이 물건이든 활동이든 우리가 힘들 때 그것이 가까이에 있고 쉽게 활용 가능해야 한다는 것입니다.

무언가에 의해 힘겨운 감정이 일어났을 때, 몇 번 심호흡을 해보세요. 닻을 활용하여 주의를 집중해보세요. 이 방법은 주의를 분산시키는 것이 아니라, 눈 앞에 있는 것에 집중하고 머무르는 것입니다.

만약 당신의 닻이 특정 물건이라면, 마치 처음 보는 것처럼 그 물건을 바라보세요. 그 물건의 이모저모를 자세하게 살펴보고, 질감과 무게를 느껴보세요. 이전에 미처 알아차리지 못했던 새로운 점을 발견할 수 있는지 찾아보세요. 어떤 활동을 하는 닻도 좋습니다. 그 활동을 하면서 몸이 어떤 움직임을 하고 있는지에 주의를 기울여보세요. 어떤 순간에 기분이 좋아지나요? 도전적으로 느껴지는 것은 무엇인가요? 이번에는 그 활동을 약간 다른 방식으로 해볼 수 있을까요?

# 괴로움에 대한 괴로움

Distress About Distress

## What to Know

우리가 느끼는 괴로움에 대해 괴로움을 느끼는 것은 흔한 일입니다. 우리는 자신이 슬퍼하는 것 대해 죄책감, 슬픔, 분노, 또는 불안을 느낍니다. 그러나 우리가 느끼는 슬픔에 대해 분노, 죄책감, 불안을 더한다고 해서 그 슬픔이 줄어들지는 않습니다. 오히려 우리 자신과 주변 사람들에게 더 많은 고통을 안겨줄 수 있습니다. 어떤 감정을 느끼는 것에 대한 죄책감, 슬픔, 분노, 불안과 같은 감정을 심리학자들은 이차적 감정 과정(secondary emotional process)이라고 부릅니다. 우리의 삶에서, 특히 슬픔을 겪는 시기에는 이차적 감정 과정이 기저에 있는 괴로움과 고통을 복잡하게 하고 증폭시키는 경우가 많습니다. 그러나, 무조건적인 사랑과 수용 앞에서는 가장 강렬한 이차적 감정 과정조차 서서히 사라질 수 있습니다.

## What to Do

우리의 이차적 감정 과정이 스트레스 반응에 의한 것이라면 그 스트레스 반응은 특정한 촉발 요인에 의해 발생합니다(특히 상실 후 첫 일년 동안). 괴로움을 촉발하는 요인(사람, 장소, 사물, 중요한 날짜 또는 사랑하는 사람을 잃었거나 상황이 바뀌었다는 것을 상기시키는 중요한 사건 등)이 무엇인지 인식함으로써, 우리의 고통에 대해 마음을 열고 온전히 받아들일 수 있습니다. 이것은 고통 속으로 무작정 뛰어들라는 뜻이 아닙니다. 감정이 일어날 때마다 그 감정을 경험하도록 자신을 허용하고, 그것이 한시적이라는 인식과 감정에 대한 자신의 반응을 자각하는 것을 의미합니다. 촉발 요인을 만날 것이라는 것을 알고 온전한 수용을 통해 이 과정을 받아들이는 것이 마음챙김과 함께 슬픔을 다루는 핵심 방법입니다.

다음 한주 동안, 당신에게 슬픔을 촉발하는 사람, 장소, 사물, 중요한 날짜와 사건을 기록해보세요. 다음과 같이 당신이 어떻게 느끼는지를 기록하세요: "나는 ……을/를 느끼는구나."

당신이 경험하는 느낌과 감정을 그 자체로 이름 붙이는 것이 중요합니다. 당신의 감정을 친절하게 맞이하세요. 온전한 수용을 통해 있는 그대로 감정을 받아들이고 판단하지 않고 그래서 감정과 씨름하는 것을 멈추고 치유를 시작할 수 있습니다. "나는 이렇게 느끼는 것이 괜찮다." "촉발 요인 때문에 이런 감정이 일어나는 것은 당연하다. 왜냐하면..."

이러한 감정들을 알고, 이름 붙이고, 기록하면 할수록 괴로움에 대한 괴로움은 줄어들 것입니다.

# 감정의 파도 타기

Emotion Surfing

## What to Know

애도 과정은 우리를 변화시킵니다. 슬픔은 우리의 가면을 벗기고, 습관적인 마음을 멈추게 하고, 우리를 느리게 하고, 내면 깊숙이 이끌고, 우리의 내면을 재정비하고, 미해결된 문제들을 들추어내어 모든 것을 다시 생각해보게 만듭니다.

슬픔이 훨씬 강력하다는 것을 깨닫게 될 때 우리는 겸허해질 수 있습니다. 우리가 얼마나 연약한지, 삶이 얼마나 소중한지, 그리고 우리의 삶이 얼마나 순식간에 변할 수 있는지를 깨닫습니다. 사랑하는 사람과 이별하기 전의 삶으로는 결코 돌아갈 수 없으며, 우리는 결코 예전과 같을 수 없습니다.

슬픔과 같은 감정은 파도처럼 밀려옵니다. 마음 속 깊은 곳에서 솟아나와 그 강렬함으로 우리를 압도합니다. 그러나 상실 이후에도 삶에는 고요함, 심지어 평화의 순간들이 찾아옵니다. 상반된 감정들이 동시에 일어날 수도 있습니다. 우리는 결코 무엇을 기대해야 할지 알 수 없습니다. 우리가 이러한 감정의 자연스러운 흐름을 방해하지 않는다면, 슬픔이나 다른 감정은 우리 안에서 어떻게 작용할 수 있을까요? 여기서 우리는 감정 파도 타기라는 기술을 배우게 될 것입니다. 그것은 감정의 파도를 그대로 받아들이고, 모든 파도가 그러하듯이 파도가 일어나 지나가도록 내버려 두는 기술입니다.

# What to Do

특히 강렬한 감정을 느낄 때, 몇 번 깊게 복식 호흡을 합니다. 잠시 시간을 내어 몸이 어떻게 느끼는지 살펴봅니다. 몸이 긴장되어 있나요? 몸의 어디가 아픈가요? 움직이고 싶어 하나요? 지금 느껴지는 감각이 어떠한지 스스로에게 말해줍니다.

그런 다음, 이 감각과 동반되는 감정에 집중해 봅니다.

지금 이 순간, 당신의 감정이 얼마나 강렬한지 1에서 10 사이의 척도로 나타낸다면 어디에 해당하나요?

괴로운 생각('견딜 수가 없어', '이 감정은 너무 압도적이야', '너무 슬퍼') 때문에 힘들다고 비명을 지르고 싶거나, 울부짖고 싶거나, 도망치거나 숨고 싶은 충동이 있나요? 이러한 감정 때문에 어떻게 하고 싶은가요? 이것도 지나가는 구름이나 마음 속 바다의 파도와 같습니다.

당신의 힘겨운 감정과 그들이 촉발하는 생각과 충동이 그저 거기에 존재하고 있다고 상상해보세요. 감정들은 파도이고, 당신은 파도 타기를 하는 사람으로서 그것들이 지나갈 때 함께 움직이고 있다고 상상해보세요. 결국 그들은 지나가게 될 것입니다.

이제 다시 호흡으로 돌아오세요. 숨을 들이쉬고 내쉴 때마다 가슴이 팽창하고 수축하는 것을 느껴보세요. 열 번 호흡을 세어보세요. 들이쉴 때 하나, 내쉴 때 둘.

지금 이 순간, 당신의 감정이 얼마나 강렬한지 1에서 10 사이의 척도로 나타낸다면 어디에 해당하나요?

이 과정을 하나의 실험이라고 생각하세요. 감정을 억누르기보다 그 감정 위에서 파도 타기하는 것이 더 쉬운 날도 있고, 반대로 그렇지 않은 날도 있을 것입니다. 그러나 강렬한 슬픔 속에서도 마음챙김 하는 것을 기억한다면 그 슬픔과 다르게 관계 맺을 수 있음을 발견하게 될 것입니다. 슬픔에 저항하거나 사라지게 하려고 할 때보다 덜 심각해질 수 있습니다.

# 두려움에 이름 붙이기

Naming Your Fears

## What to Know

슬픔을 다루는 과정에서 어느 정도 저항을 경험하는 것은 드문 일이 아닙니다. 심지어 그 과정에서 치유와 회복에 대한 기대감이 있을 때조차도 그렇습니다. 고통과 강렬한 감정에 직면하는 것을 거부하는 것은 자연스러운 반응입니다. 우리는 종종 어려움이나 두려움을 느끼는 것들을 회피하려 합니다. 중요한 것은 두려움에 맞서는 대신, 두려움을 향해 나아가는 것입니다. 이 저항을 인정하세요. 무시하거나 싸우지 마세요.

## What to Do

타이머를 2분으로 설정하세요. 2분 동안 당신의 두려움에 대해 이름을 붙이고 목록으로 작성해보세요. 다음은 한 가지 예시입니다:

- 나는 통제력을 잃을까 봐 두렵다.
- 나는 너무 심하게 우는 것을 멈출 수 없을까 봐 두렵다.
- 나는 압도될까 봐 두렵다.
- 나는 끝이 없는 나락으로 떨어질까 봐 두렵다.
- 나는 역할을 못 할까 봐 두렵다.

- 나는 통증에 마비될까 봐 두렵다.
- 나는 혼자 남겨질까 봐 두렵다.

2분이 끝난 후, 두려움에 이름을 붙이는 방금 전의 경험이 어떠하였는지 생각해보세요. 이 과정이 당신이 느끼는 감정의 형태나 강도에 변화를 주었나요?

회복됨에 따라 이 연습이 자주 필요하지 않을 수도 있지만, 때때로 이 방법을 사용하여 자신을 점검하는 것이 좋습니다. 이 방법은 당신의 슬픔과 솔직하게 마주할 수 있도록 도와줍니다. 결국, 상실을 다루는 과정에서 두려움에 이름을 붙이는 것은 당신이 처음 예상했던 것과는 전혀 다른 경험을 가져다 줄 것입니다. 표면에 드러난 감정들에 압도되지 않을 수도 있다는 사실을 발견하게 될 수 있습니다. 당신은 자신의 기억과 경험을 마치 그리워하는 고향을 방문하는 것처럼 애잔하게 느끼기 시작할지도 모릅니다.

슬픔을 다루는 여정의 어느 단계에 있든, 단순히 반응을 수동적으로 경험하는 것에 그치지 않고, 적극적으로 슬픔을 통합하고 치유하는 것이 중요합니다. 이 연습이 그렇게 하는 방법입니다.

# 당신의 긍정적인 자질

Your Positive Traits

## What to Know

지금까지 살면서 겪어온 모든 경험들을 되돌아볼 때, 당신은 여전히 여기 있고 그것들을 이겨내 왔다는 사실을 기억하세요. 그리고 그 과정에서 많은 긍정적인 자질을 발휘했다는 사실도 잊지 마세요. 당신의 긍정적인 자질에 의지하는 것은 슬픔이나 애도, 또는 단순히 기분이 저조할 때 매우 유용할 수 있습니다.

## What to Do

다음 질문들에 대해 생각해보고 그것을 적어 보세요:

- 당신은 언제, 어떻게, 결단력을 발휘했나요?
- 당신은 언제, 어떻게, 인내심을 가지고 마침내 성공을 거두겠다는 의지를 보여주었나요?
- 당신자신과 주변의 지지 체계에 대한 확고한 믿음이 당신에게 언제, 어떻게, 도움을 주었나요?
- 당신은 언제, 어떻게, 용기를 보여주었나요?
- 당신은 언제, 어떻게, 필요하다고 생각한 일에 책임감을 가지고 임했나요?

- 당신은 언제, 어떻게, 자신의 창의력을 발휘했나요?
- 당신은 언제, 어떻게, 회복력을 발휘했나요?
- 당신은 언제, 어떻게, 직관을 사용했나요?
- 당신은 언제, 어떻게, 낙관적인 태도를 유지할 수 있었나요?
- 당신이 인생에서 사용해온 다른 강점들은 어떤 것이 있나요?

# 슬픔에 대한 생각
## Thinking Your Way Through Grief

## What to Know

상실을 경험할 때, 우리의 마음은 고통에서 벗어나는 방법을 찾고자 애를 쓰게 됩니다. 함께 보낸 마지막 순간에 우리가 무슨 말과 행동을 할 수 있었을 지 계속해서 되뇌고, 그 상황에 대한 세부 사항들을 반복적으로 떠올립니다. 이러한 행동은 강박, 불안, 그리고 불면증으로 이어질 수 있습니다. 우리가 이와 같은 수준에 머문다면 슬픔을 치유할 수 없습니다. 우리는 생각만으로 슬픔을 극복할 수 없습니다.

게다가, 우리는 슬픔에 대해 몇 가지 확고한 믿음을 가지고 있는 경우가 많습니다:

- 슬픔은 시간이 지나면 자연히 치유된다.
- 6주(또는 다른 특정 기간) 후에는 정상으로 돌아와야 한다.
- 강한 척 바쁘게 지내면 슬픔을 아무런 문제없이 극복할 수 있다.
- 울기 시작하면 절대 멈출 수 없을 것이다.
- 슬픔에서 회복되면 사랑하는 사람을 영원히 잃게 될 것이다.

그러나 우리의 마음은 감정 상태에 크게 영향을 받습니다. 우리의 생각은 사실처럼 보이기 쉬우나, 실제로는 그저 바램에 가까운 경우가 많습니다.

만약 슬픔에 대한 당신의 믿음을 진지하게 탐구해 본다면, 어떤 일이 일어날까요?

## What to Do

당신이 가지고 있는 슬픔에 대한 확고한 신념은 무엇인가요? 그것을 적어 보세요.

이러한 신념은 슬픔의 과정을 미루거나 무시하는 결과를 가져올 수 있습니다. 그렇게 되면, 진정한 삶을 살아가는 과정을 방해하고 상실 후에 자연스럽게 발생하는 치유의 흐름을 막을 수 있습니다.

슬픔에 잠길 때, 선입견과 두려움 없이 진정으로 슬퍼하는 것이 어떨까요? 당신 안에 있는 지혜롭고 치유적인 힘과 관계를 맺을 수 있을까요? 만약 그렇게 한다면, 무엇을 발견하게 될까요?

종종 우리는 슬픔에도 고유한 본질, 리듬, 그리고 타이밍이 있음을 발견하게 됩니다. 슬픔은 우리가 그것을 통제하려는 시도에 저항합니다. 또한, 우리는 슬픔이 우리의 삶에 가져오는 변화가 우리가 상상했던 것보다 더 크고 지속적인 것임을 알게 됩니다. 슬픔이 가진 그 힘과 예측할 수 없는 타이밍, 헤아릴 수 없는 깊이, 변형될 가능성, 그리고 우리의 삶에 가져오는 광범위한 변화들은 우리를 놀라게 할 수 있습니다.

이 연습이 도움이 되었다면, 시간이 지남에 따라 당신의 슬픔이 어떻게 변화하는지 관찰하며 이 연습을 다시 해볼 수 있습니다.

# 문제를 일으키는 신념을 날려버리기

Unravel Problematic Beliefs

## What to Know

슬픔을 경험하는 데 있어 가장 문제가 되는 것 중 하나는 우리 사회문화가 슬픔의 경험이 어떻게 전개되어야 하는지에 대한 왜곡된 신념을 만든다는 것입니다. 우리는 즉시 직장에 복귀하고, 아이의 연주회에 참석할 수 있어야 하며, 슬픔을 참고 극복하라고 요구받습니다. 이러한 사회문화적 신념과 요구는 우리에게 수치심과 죄책감을 더욱 강하게 만들어, 결국 우리의 삶에 부정적인 영향을 미치고 고통을 가중시킵니다. 다행히도, 이러한 '해야 한다'는 신념이 문제가 되기 전에 이것을 해소할 수 있는 검증된 방법들이 존재합니다.

## What to Do

당신이 고군분투하고 있는 '해야 한다'는 생각이나 자기 처벌적인 생각은 무엇인가요? 당신이 가지고 있는 어떤 부정적인 신념도, 당신이 원한다면 도전하고 수정할 수 있습니다. 이 과정은 항상 쉬운 것은 아니며, 많은 지속적인 노력이 필요할 수 있습니다. 하지만 그것은 가능합니다.

핵심 신념에 도전하거나 논쟁하고자 한다면, 여러 가지 선택지가 있습니다:

- 당신의 신념이 유효하다는 증거나 확실한 근거를 찾아보세요.
- 다른 사람들과 논쟁하며 당신의 신념을 검토해보세요.
- 신념의 어떤 측면을 바꾸기 위해 이미지를 상상하고 시각화해 보세요.

또한, 다음 질문들을 통해 당신의 신념에 도전해보세요.

- 이 신념이 옳은 증거는 무엇이며, 또 그것에 반대되는 증거는 무엇인가?
- 이 신념은 습관인가, 아니면 사실인가?
- 내가 해석한 상황이 정확한가, 아니면 일부 현실과 다른가?
- 나는 흑백논리 또는 모 아니면 도와 같은 방식으로 생각하고 있는가?
- 내가 사용하는 단어와 표현이 극단적이거나 매우 과장되어 있는가('항상', '영원히', '반드시', '해야 한다', '마땅히', '하지 않으면 안 된다'와 같은 표현)?
- 나는 변명하고 있는가?
- 나의 신념에 대한 정보 출처가 신뢰할 만한가?
- 나는 가능성(회색 영역)을 생각하고 있는가, 아니면 확실한 것(흑백)을 생각하고 있는가?
- 나의 판단은 사실이 아닌, 감정에 기반한 것인가? 나는 감정을 사실로 간주하고 있는가?
- 이 신념은 나 자신의 것인가, 아니면 다른 사람에게서 비롯된 것인가?
- 이 신념은 나의 중요한 우선순위, 가치, 판단과 일치하는가?
- 이 신념은 나를 나쁜 사람으로 느끼게 만드는가?
- 이 신념은 나에게 해로운가?
- 이 신념은 다른 사람에게 해로운가?
- 이 신념대로 나에게 요구하는 것이 적절한가?
- 이 신념대로 다른 사람들에게 요구하는 것이 적절한가?
- 이 신념은 나를 배려하는 것인가?

# 감정을 있는 그대로 표현하기

Feeling Your Feelings

## What to Know

적절한 행동을 이끌어내기 위해 감정을 활용하는 법을 배우는 것은 매우 중요합니다. 상실은 때때로 우리가 자신의 감정 앞에서 무력감을 느끼게 할 수 있습니다. 그러나 역설적으로, 감정을 억제하려고 애쓰는 것은 오히려 감정을 악화시킬 수 있습니다. 기쁜 감정이든 불쾌한 감정이든 당신이 느끼는 그대로 경험할 수 있어야 하며, 정말로 힘들다면 그때는 스스로를 달랠 수 있어야 합니다. 목표는 감정을 있는 그대로 표현할 수 있는 가능한 방법들을 모색하고 적합한 것을 선택하는 것입니다.

## What to Do

특히 다루기 어려운 힘든 감정이 있나요? 지난 한주 동안 슬픔 때문에 평소보다 많이 힘들었던 특정 상황을 1-2가지 떠올려보세요.

아래의 질문을 고려하여 그것을 적어보세요.

- 무슨 일이 있있나요? 그 상황에서 당신은 어떤 감정을 느꼈으며, 어떻게 행동했나요?

- 당신에게 '불쾌감'을 준 감정은 무엇인가요? 예를 들어, 그것을 받아들이기 어렵거나, 당혹스럽거나, 수치스럽거나, 너무 강렬해서 견디기 힘들다고 느껴졌나요?
- 이러한 감정들 중에는 썩 유쾌하지는 않지만, 기꺼이 받아들일 수 있는 감정이 있나요?
- 이러한 감정들이 나타날 때, 특히 힘든 감정들에 대해 다르게 행동할 수 있는 방법이 있을까요?
- 때때로, 우리가 자극을 받고 예민해지거나 취약하다고 느낄 때, 그 상황에서 벗어나 스스로에게 그것을 다룰 시간을 주는 것도 하나의 방법입니다. 또는 주변 사람들에게 자신이 어려움을 겪고 있으며 그 상황에서 최선을 다하고 있다는 것을 알릴 필요도 있습니다.
- 현재 당신의 감정에 대해 어떻게 느끼나요? 삶이 전해준 것에 대한 당신의 감정과 반응에 대해 어떻게 느끼고 싶은가요?

감정을 솔직하게 표현하는 것은 즉각적이든 시간이 지나면서든 만족감을 가져올 수 있습니다. 이는 자신과 타인에게 더 솔직해지는 방식이며, 시간이 지남에 따라 쌓인 감정의 짐을 내려놓는 데 도움이 됩니다. 감정을 표현하는 것은 위험을 감수하는 것을 의미합니다. 타인에게 다가가 필요한 것을 전달하는 과정에서 타인의 오해나 이해 부족을 감수하는 것입니다. 그러나 가능한 한 솔직하게 자신의 감정을 표현하여 최종적으로 자신이 필요한 것을 최대한 얻게 된다면 그 위험은 감수할 가치가 있습니다.

# 당신의 지지체계

## Your Support System

## What to Know

소중한 무언가를 잃었을 때, 첨엔 아무도 우리를 이해할 수 없을 것이라고 생각할 수도 있습니다. 그러나 바로 이 생각이 우리를 고립시킬 수 있습니다.

연구에 따르면, 사회적 네트워크가 우리의 슬픔과 상실을 처리하고 극복하는 데 매우 긍정적인 영향을 줍니다. 언제든지 그럴 마음이 들면, 당신의 상실을 가족과 친구들과 함께 하세요. 물론 관계는 종종 변화하기도 합니다. 기대하지 않은 사람들이 나타나서 당신을 도와줄 수도 있고, 평소 의지하던 사람들이 아마도 슬픔에 대한 자신의 불편함 때문에 물러설 수도 있습니다. 이 과정에서 당신은 관계에 더 많은 깊이와 진정성이 필요하다는 것을 알게 될 것입니다.

## What to Do

슬픔에 잠긴 당신을 도와줄 사람을 찾으세요. 안전한 증인이 되고 당신의 이야기를 경청할 사람 말입니다. 가장 좋은 사회적 지지는 그저 그 자체로 지지가 되는 것입니다. 슬픔의 여정에서 당신과 함께 할 동료가 될 수 있는 사람들을 다음과 같은 기준으로 찾아보세요:

당신과 함께 할 수 있는 그들은,

당신을 판단하지 않고,

당신을 고치려고 하지 않으며,

당신에게 조언을 하려고 하지 않고,

당신의 경험을 과소평가하지 않는 사람들입니다.


당신의 슬픔을 표현할 때, 당신을 배려하고 존중하며 안전한 공간을 제공할 수 있는 사람과 함께라면, 당신은 인간애, 그리고 모든 인간의 고통이 연결되어 있음을 그 사람과 나누게 됩니다.

다른 사람이 되려고 하거나 다른 곳에 있으려고 애쓰지 않는 것은 안도감을 줍니다. 우리 사신을 판단하지 않고, 있는 그대로 받아들일 수 있는 것은 큰 안도감을 줍니다. 이렇게 우리 자신을 만날 수 있을 때, 우리는 자연스럽게 자신 안에서 편안함을 느끼게 됩니다. 우리는 경험하는 존재의 바탕에서 긴장을 풀고 자신의 몸에서 편안함을 느끼기 시작합니다. 슬픔 속에서도 우리는 둘이 아닌 연결된 하나로서 온전함을 느낍니다.

# 상실을 다루는 방법

How to Process Loss

　상실의 슬픔에 대한 지혜 중 하나는, 애도 과정에 상당한 시간이 걸린다는 것입니다. 그렇다면 그 시간 동안 우리는 무엇을 해야 할까요? 현실적으로, 슬픔의 여정은 험난하고 어떤 면에서는 끝이 없습니다. 건강하지 않은 방식으로 슬픔을 처리하는 것은 우리를 문제가 있는 행동에 갇히게 할 가능성이 있습니다. 원하는 삶과 되고 싶은 사람으로부터 우리를 멀어지게 합니다. 이 장은 상실을 건강한 방식으로 다루는 방법을 배우는 것을 도울 것입니다. 이러한 방법들은 당신이 내면 깊은 곳에서부터 성장하고, 자신을 일으켜 앞으로 나아가는 데 도움을 줄 수 있습니다. 이 과정이 항상 쉬운 것은 아니지만, 분명 그럴 가치가 있습니다.

"산산이 부서진 우리의 삶은
슬픔의 시간에서 다시 창조
됩니다."

　　　　　- 알렉산드라 케네디

# 나선형 계단

The Spiral Staircase

## What to Know

시간이 지나면서 대부분의 고통스러운 감정은 그 강도가 줄어듭니다. 이는 몇 달이 걸릴 수도 있고, 몇 년이 걸릴 수도 있습니다. 어떤 감정들은 표면 바로 아래에 남아 있다가 다시 나타날 기회를 엿보기도 합니다. 당신은 무언가를 기다리고 있는 듯한 느낌을 받거나, 막연하게 불안하거나 고통스러울 수 있습니다. 때로는 다시 행복과 기쁨을 느낄 수 있을 것처럼 느끼기도 합니다. 시간이 흐르면서 극심한 슬픔의 감정보다 우울감 심지어 기쁨의 시간이 더 많이 나타난 것을 느낄 수도 있습니다. 슬픔의 회복과 극심한 슬픔의 순간 사이에 나타나는 전반적인 괴로움의 시간은 '미묘한 슬픔'으로 설명될 수 있습니다.

미묘한 슬픔을 경험할 때, 당신은 일상생활을 유지하며 평소와 같이 일을 할 수 있지만, 여전히 슬픔을 느끼고 있는 상태입니다. 당신은 자신이 여전히 슬픔을 경험하고 있다는 것을 자각하지 못할 수도 있습니다. 다른 사람들이 당신을 대신해 알아차리거나 시간이 조금 지난 후 당신 스스로 깨닫게 될 수도 있습니다.

극심한 슬픔과 미묘한 슬픔은 복잡한 춤을 추듯 번갈아 나타납니다. 이 춤은 슬픔의 과정 안에서 감정이 롤러코스터와 같이 예측 불가능함을 설명합니다. 미묘한 슬픔을 한동안 경험하다 보면 당신은 최악의 상황은 넘겼다고 느낄 수도 있습니다. 하지만 다시 강렬하고 극심한 슬픔을 경험하게 되면 절망과 좌절을 느낄 수도 있습니다.

우리는 흔히 감정적 여정이 마치 한 지점에서 다른 지점으로 직선으로 이어지는 과정이라고 생각하곤 합니다. 그러나 슬픔의 과정은 다른 형태로 전개된다고 생각하는 것이 더 도움이 될 수 있습니다. 바로 '나선형 계단'입니다.

## What to Do

극심한 슬픔과 미묘한 슬픔 사이의 과정은 비선형적이기 때문에, 이를 일련의 단계나 예측 가능한 선형적 방식이 아닌, 나선형 방식으로 설명하는 것이 더 적합합니다. 나선의 각 굴곡 지점은 당신이 사랑했던 상실한 사람과의 관계, 그리고 슬픔과의 관계에서의 전환점을 나타내며, 극심한 슬픔의 시기나 에피소드로 표시됩니다. 또한, 이 나선의 굴곡 지점은 미묘한 슬픔 중에 겪는 감정 기복도 해당이 되는데, 그 순간에 감정의 파도타기 또는 온전한 수용과 같은 심리적 안정을 위한 전략(이 책의 1부에서 다룬)이 도움될 수 있습니다.

중요한 것은 상실의 과정에 전념하는 것입니다. 슬픔을 존중하는 태도를 유지한다면 이러한 나선의 굴곡들은 점차 자연스러워지면서 당신은 이전보다 더 나은 기분을 느끼게 될 것입니다.

나선형 방식으로 극심한 슬픔이 지나갈 때마다, 그 횟수가 얼마나 많든 간에, 당신의 슬픔과 상실을 겪은 삶과의 관계는 변화합니다. 회복의 기간이 있을 수도 있고, 때로는 좌절처럼 느껴질 수 있는 강렬한 슬픔과 상실감을 불가피하게 경험하게 될 것입니다. 당신은 다시 처음으로 돌아간 것처럼 느낄 수도 있습니다. 그러나 대부분의 경우, 실제로는 성장의 계단을 점차적으로 올라가고 있는 것입니다.

사실, 대부분의 사람들은 결국 슬픔을 개인적이고 영적인 성장의 강렬한 시기로 보게 됩니다. 슬픔의 나선형 계단을 오를 때, 당신이 어디로 가고 있는지 항상 알 수 있는 것은 아닙니다. 때로는 기분이 나아지기도 하고, 때로는 더 나빠지기도 하지만, 그 계단 전체가 슬픔을 통한 진화의 여정이라는 것을 알게 될 것입니다.

# 왜 상실을 경험하는가에 대한 답을 구하기

Answering the Whys of Grief

## What to Know

대부분의 사람들은 상실과 고통을 경험한 후 '왜?'라는 다음의 질문들을 하게 됩니다.

왜 내가 상실을 겪어야 했는지?

왜 이런 일이 일어나야 했는지?

왜 내가 이런 고통을 겪어야 하는지?

왜 이렇게 괴로운지?

당신은 왜 삶이 이렇게 변했는지, 왜 소중한 관계가 끝났는지, 왜 가까운 사람이 떠났는지, 왜 세상의 전부였던 무언가를 잃었는지, 왜 우리는 죽는 건지, 왜 우리는 고통을 겪는지에 대한 수많은 질문을 할 수도 있습니다. 당신은 또한 상실한 사람이 왜 그렇게 했는지, 왜 그 당시에 다르게 행동하지 못했는지에 대한 질문을 할 수도 있습니다. 삶의 목적은 무엇인지, 이 모든 것이 무엇을 의미하는지, 우리가 여기에 존재하는 이유가 무엇인지에 대한 물음을 던질 수도 있습니다. 이러한 질문들은 극심한 슬픔 속에서 자주 떠오르며, 지금 경험하는 고통에 대해 납득할 만한 설명이 없는 것처럼 보일 때가 많습니다.

# What to Do

　이러한 질문들은 보편적으로 답하기보다는 개인적으로 답하는 것이 가장 좋습니다. 즉, 모든 경우에 대한 삶과 상실의 의미를 이해하려고 노력하기보다는, 이 질문들에 대한 답을 여러분 각자의 방식으로 찾는 것이 더 중요합니다. 이전에 비슷한 상실을 받아들인 적이 있더라도, 각각의 상실 경험은 독특할 수 있습니다. 여러분이 탐구할 새로운 길이나 발견할 새로운 측면들이 있을 수 있습니다.

　이번 슬픔의 경험에서 발견할 수 있는 의미는 예상치 못한 곳에서, 잊혀졌던 곳에서, 혹은 새로운 곳에서 나타날 수 있습니다.

　고통은 수수께끼입니다. 왜 이러한 고통을 경험하고 있는지, 무엇이 이 고통을 이겨낼 수 있게 해줄지, 그리고 고통으로 인해 어떻게 성장할 것인지에 대한 답이 서서히 드러날 수도 있습니다. 시간이 지남에 따라 '왜?'라는 질문에 대해 하나의 답이 아닌 여러 가지 답을 찾게 될 가능성이 큽니다. 그러므로 여러분의 답을 기록해두는 습관을 가지세요. 3개월이 지날 때마다 이러한 질문들을 다시 살펴보면서, 그에 대한 답변이 어떻게 변화하고 있는지 탐구하세요. 시간을 내어 여러분의 애도의 장소에서(1부 참고) 호기심과 개방적인 마음으로 이 질문들을 숙고하세요. 때로는 이러한 답변이 불충분하게 느껴질 수도 있습니다. 괜찮습니다. 나선형 계단을 돌 때마다 고통의 존재와 그것을 견디는 방법에 대한 새로운 답이 나올 수 있으므로, 떠오르는 대로 받아들이는 것이 가장 좋습니다.

　당신이 상실과 고통을 겪는 이유와 그것이 당신의 삶에서 무엇을 의미하는지에 대해 쉽게 답할 수 있는 방법은 없습니다. 사실, 인류는 수천 년 동안 종교, 과학, 철학을 통해 이러한 질문들을 던져 왔습니다. 이것은 삶의 미스터리, 즉 우리가 경험하는 모든 것이 왜 변화하고 상실되며 쇠퇴하는지를 이해하려는 시도입니다.

# 다섯 가지 메시지

The Five Things

## What to Know

미국 호스피스 운동의 선구자 중 한 명인 아이라 바이옥 박사는 '다섯 가지 메시지(the five things)'에 대해 이야기했습니다. 관계에서 일반적으로 다루어야 할 주제와 관계를 마무리하기 위해 서로에게 전달해야 할 메시지를 말합니다. 이 다섯 가지 메시지는 '미안해요', '용서해요', '고마워요', '사랑해요', 그리고 '이젠 안녕'입니다. 이 다섯 가지 메시지는 어떤 관계이든지 간에 경험되는 모든 감정적 영역을 포괄합니다. 당신은 이러한 주제들에 대해 사랑하는 사람과 몇 일, 몇 달, 심지어 몇 년 동안 이야기할 수 있습니다. 사랑하는 사람이 곁에 있든 없든 상관없습니다. 이 메시지들은 의도적으로 애도 연습을 하는 것일 수 있습니다. 이것은 당신의 성스러운 시간 동안, 또는 하루 중 감정을 처리하기 위해 별도의 시간을 할애할 때 매우 유용합니다.

## What to Do

이 다섯 가지 메시지에 대한 아래의 설명을 읽으면서, 이러한 주제들에 대해 사랑하는 사람과 이야기했던 순간들을 떠올려 보세요.

다섯 가지 메시지는 다음과 같습니다:

1. **미안해요.** 가까운 관계에서는 누구나 어떤 후회를 가지고 있습니다. 우리는 모두 완벽하지 않으며, 특히 서로를 대하는 방식에서는 더욱 그렇습니다. 가까운 관계에 있는 모든 사람은 후회할 일이 있습니다. 우리 중 누구도 완벽하지 않습니다. 특히 서로를 대하는 방식에서 그렇습니다. 사과는 종종 진심으로 후회를 느끼기 전에, 의무감에서 이루어집니다. '미안해요'라고 사과하는 것은 때때로 진정으로 느끼기 전에 하게 됩니다. 그러나 그 사과의 크기가 크든 작든, 급하게 한 사과든 잘 계획된 사과든, 모든 사과는 용서를 향한 길을 열어줍니다. 만약 후회하는 일에 대해 진정으로 사과할 수 없었다면, 지금 상징적으로 그리고 의도적으로 용서를 구하는 것이 당신에게 위안이 될 수 있습니다.

2. **용서해요.** 이것은 모든 일에 대해 용서하는 것을 의미할 수 있습니다. 용서는 다른 사람에 대한 온전한 수용일 수 있습니다. 용서는 잊는 것과 혼동되어서는 안 됩니다. 그럼에도 연민의 힘으로 용서할 때, 당신은 용서하는 이 문제가 삶에 미쳤던 영향으로부터 벗어나게 됩니다. 당신은 해결되지 않은 분노나 정의가 실현되지 않았다는 감정을 느끼는 대신, 당신만의 방식으로 삶을 살아갈 책임을 지게 됩니다.

3. **사랑해요.** 사랑은 여러분이 슬픔과 상실감을 느끼는 이유입니다. 사랑은 모든 슬픔을 초월하지만, 슬픔은 사랑으로 인해 더욱 깊어질 수 있습니다. 용서를 구하고 잘못을 용서하면 마음이 열려 사랑의 힘이 충만해집니다. 이 사랑을 인정하는 것은 관계, 슬픔, 그리고 타인과 자신을 공유할 수 있는 능력을 확인하는 것입니다.

4. **고마워요.** 당신은 이 관계에서 무엇을 배웠나요? 함께한 시간 중 무엇이 특별했나요? 사랑하는 사람이 당신의 삶에 어떤 변화를 가져왔나요? 당신은 생각했던 것보다 더 깊이 사랑하는 법을 배웠을 수도 있고, 어쩌면 자동차의 엔진오일을 교체하는 방법을 배웠을 수도 있습니다. 이 모든 것이 사랑하는 사람에게 감사할 이유입니다.

5. **이젠 안녕.** 적절한 시기에 작별인사를 하는 것은 어렵습니다. 사랑하는 사람을 이미 잃었다면, 그 사람을 잃은 후 작별 인사를 하는 것은 그

사람의 부재와 슬픔, 그리고 그 사람의 존재를 소중히 여겼다는 것을 인정하는 것입니다. 이미 떠나간 사람에게 작별인사를 하는 것은 그 사람이 당신의 삶에서 사라졌다는 것을 의미하지 않으며, 당신의 슬픔이 끝났다는 것을 의미하지도 않습니다. 기억하세요, 슬픔은 끝나지 않습니다. 비록 더 이상 아프지는 않지만 슬픔은 끝나지 않습니다. 슬픔은 그저 변화할 뿐입니다.

특히 여러분이 이 주제들에 대해 사랑하는 사람과 직접 이야기할 수 없었던 경우라면, 다섯 가지 메시지 중 어느 하나라도 그 사람에게 전달하는 자신을 떠올리거나 상상해 볼 수 있습니다. 그것 또한 사랑하는 사람과의 관계가 어느 정도 자연스러운 마무리를 맺을 수 있었다는 느낌을 줄 수 있습니다. 이러한 대화를 상징적으로 편지, 그림과 같은 예술 작품의 형태로 시도해 볼 수도 있습니다.

당신이 관계를 이상화하고 있다면 다섯 가지 메시지를 말하기 어려울 수 있습니다. 많은 면에서, 이 다섯 가지 메시지를 말하는 것은 여러분이 잃은 사랑하는 사람을 숭배나 증오의 대상이 아닌, 다시 인간으로 보는 것이기도 합니다. 만약 이 중 어느 하나라도 표현하기 어렵다면, 그 특정 주제와 관련된 문제들이 관계의 마무리를 위한 당신의 마음을 가로막고 있는 것일 수 있습니다.

비록 어렵지만 다섯 가지 메시지를 소리 내어 말하고, 마음속으로 혹은 글로 적는 것은 당신이 사랑하는 사람과의 관계에서 느끼는 감정들, 그것이 긍정적이든 부정적이든 간에 그 모두를 표현함으로써 관계의 마무리를 도울 것입니다.

사랑하는 사람이 당신의 말을 들을 수 없다고 느끼더라도, 당신 자신을 위해 이 다섯 가지 메시지를 표현하고 전달하는 것이 중요합니다. 이 다섯 가지 메시지는 현재의 관계에도 적용해 볼 수 있을 것입니다.

# 쾌락, 고통 그리고 용기

Pleasure, Pain, and Courage

## What to Know

종종 우리는 끝없는 쾌락의 추구와 고통으로부터의 도피를 선택하고, 그러한 과정에서 우리는 성장의 기회를 놓치곤 합니다. 이러한 무익한 쾌락의 추구는 대개 극심한 고통과 함께 허무함과 무력감을 느낄 때가 되어서야 멈추게 됩니다. 대부분의 시간 동안 우리는 쾌락을 누릴 권리가 있다고 느낍니다. 하지만 쾌락을 경험할 때조차도 그것이 충분하지 않게 느껴지며, 점점 더 많은 것을 원하게 됩니다. 오직 고통을 겪게 되어서야 우리는 "이제 그만!"이라 말하며 진정으로 중요한 것에 눈을 돌리게 됩니다. 고통은 더 많이 느끼고 싶은 욕망이 아닌, 더 나아지기를 바라는 동기를 부여할 수 있습니다.

세상의 모든 영적인 전통은 이러한 나아지고자 하는 욕구를 다른 사람들과 연결감을 느끼는 것과 동일시하는 경향이 있습니다. 고통은 본질적으로 불협화음을 느끼게 합니다. 우리가 고통을 느낄 때, 보통은 다른 사람들과 연결되고 싶어하거나 위로를 줄 수 있는 친구에게 손을 내밀어 소속감과 연결감을 회복하고 싶어집니다.

불교에서는 허무함과 무력감을 오히려 평정심의 씨앗으로 여깁니다. '평정심'이란 쾌락에 대한 끌림이나 고통에 대한 혐오 대신, 고요하고 평화롭게 있는 그대로 받아들이는 것을 말합니다. 쾌락을 받아들이되, 그것의 무상함을 인식하며 받아들이는 능력, 그리고 우리의 감정적 고통을 받아들이되 그것에 압도되지 않고 마음챙김하는 능력을 의미합니다.

다시 말해, 평정심을 갖는 것은 있는 그대로 온전한 수용을 하는 연습을 포함합니다. 고통을 느끼지 않기 위해서는 세상 모든 것을 느끼지 말아야 합니다. 평정심을 연습함으로써 얻을 수 있는 교훈은 쾌락과 고통은 사실 많은 공통점을 가지고 있다는 것입니다. 우리가 감정을 느끼는 것은 동전의 양면과도 같습니다. 슬픔을 느끼는 능력을 부정하거나 슬픔의 감정을 회피하는 것은 우리가 깊고 친밀한 사랑을 느낄 수 있는 우리의 훌륭한 인간적 본질을 외면하는 것입니다.

이와 마찬가지로, 고통 속에 빠져 헤어나지 못하고, 자신의 정체성이 곧 고통이 되거나 고통이 곧 자신의 정체성이 된다면 고통에서 벗어나 치유로 나아갈 수 있는 능력이 약화됩니다. 고통스러움에 대해 너무 익숙해져 버려 치유된다 하더라도 무엇을 해야 할지 모르게 됩니다. 결국, 자신과 고통이 하나가 되어, 좋게 느끼거나 고통으로부터 의미를 찾을 수 있는 능력을 서서히 잊어버리게 됩니다.

반면에, 상실을 경험한 후에도 평정심을 기를 수 있다면, 그것은 자신의 삶을 살아가는 방식과 다른 사람들과의 관계에 엄청난 영향을 미칠 수 있습니다.

## What to Do

우리가 고통을 회피하거나 고통에 압도되어 있을 때 건강한 감정 표현을 할 수 없게 됩니다. 우리가 원하는 평정심으로 나아가기 위해 해야 할 것은 다음과 같습니다:

1. 이러한 자신을 관찰하면서, 기대나 판단을 강요하지 않고 그저 자신이 느끼는 감정을 느낄 수 있도록 허용하세요.
2. 이러한 감정이 슬픔 속에서 영적 성장의 원동력이 될 가능성에 대해 생각해보세요. 자신이 느끼는 감정을 용기 있게 받아들이고, 이를 자극제 삼아 다른 사람들과 더 깊이 연결될 수 있지 않을까요?

# 꿈 작업

Dreaming of Your Loss

## What to Know

당신이 사랑하는 사람을 잃은 슬픔으로 괴로워하고 있다면, 이것을 기억하세요. 당신에게는 자신과의 관계를 새롭게 만들고, 오래된 상처를 치유하고, 깊은 친밀감을 경험할 수 있는 강력한 힘이 있습니다. 사랑하는 이는 생각보다 훨씬 가까운 곳에, 바로 당신 안에 존재합니다. 상상 속에서는 죽음으로 인해 관계가 끝나지 않습니다. 상실을 온전히 받아들이는 연습을 하는 동안에도, 상실한 대상과의 연결감을 유지하는 것이 중요할 수 있습니다.

많은 사람들은 종종 꿈에서 고인이 된 사랑하는 사람과의 지속적인 내적 관계를 처음 경험합니다. 사랑하는 사람에 대한 꿈에서 깨어나면, "그 사람이 아직 살아있어!"라고 생각하다가 현실에서는 그 사람이 이미 세상을 떠났음을 깨닫게 될 수 있습니다. 당신의 꿈은 이 두 가지가 모두 사실임을 암시하는 것 같습니다. 즉, 사랑하는 이는 현실 세계에서는 떠났지만, 여전히 당신 안에 살아있다는 것입니다.

꿈은 무의식에서 비롯되며, 슬픔이 내면의 깊은 곳에 어떤 영향을 미치는지에 대한 중요한 정보를 전달합니다. 꿈은 애도의 장소(1장 참조)에서 우리가 할 일을 안내합니다. 꿈은 최근 발견한 돌파구를 확인해주고, 우리가 거부하고 있는 것이 무엇인지 경고하며, 치유를 위해 해결해야 할 것이 무엇인지 알려줍니다.

# What to Do

꿈을 존중하고 겸손한 태도로 받아들인다면, 우리는 내면 작업에서 무의식과 건설적인 관계를 구축할 수 있습니다. 점점 더 많은 꿈을 기억하게 될 것이며, 꿈은 더욱 생생하고 유익하게 될 것입니다.

꿈을 기억하는 훈련을 위한 첫 번째 단계는, 침대 옆에 메모지와 펜을 놓는 것입니다. 꿈을 기억하겠다는 의도와 그 메시지를 들으려는 마음을 가지고 잠자리에 드세요. 아침에 잠에서 깨어나면 비몽사몽한 상태에 잠시 머무르세요. 꿈을 기록할 때까지 말하거나 침대에서 일어나지 마세요. 한밤중에 꿈에서 깨어났다면 다시 잠들기 전에 그것을 기록하세요(아침에 일어나 꿈을 기억할 것 같지만 대부분 그렇지 않습니다).

처음에는 꿈을 간단하게 메모하는 걸로 시작하세요. 몇 개의 핵심 단어만 적어도 좋습니다. 시간이 될 때 꿈을 더 자세히 일기장에 기록하세요. 마치 지금 꿈을 꾸고 있는 것처럼 현재형으로 그 내용을 적어 내려가세요. 꿈 내용을 적는 동안 수정하지 마세요. 꿈에서 사소해 보이는 평범한 세부 사항이 실제로는 생각보다 훨씬 중요한 의미를 가질 수 있습니다. 그리고 그 꿈에 이름을 붙이세요.

그런 다음, 애도의 장소에서 꿈 내용과 함께 시간을 보내세요. 떠오르는 이미지를 부드럽게 되뇌고 그것을 기억하세요. 꿈에서 무의식으로부터 새롭게 떠오른 이미지는 당신의 마음을 치유하고 변화시키는 강력한 힘을 가지고 있습니다. 그 의미를 이해하지 못하더라도 말입니다. 이미지들이 당신에게 다가오도록 하고, 그 힘을 느끼세요. 이미지를 생생하게 느껴보되, 해석하지는 마세요. 성급한 판단은 제쳐두고 꿈에 대해 겸손한 모드로 접근하세요. 꿈의 이미지로 인해 혼란스럽거나 불안할 수 있습니다. 그것은 꿈과 함께 작업할 때 일어나는 자연스러운 반응입니다.

이후에, 꿈에 대해 그림을 그리거나, 꿈에서 만난 인물들과 대화를 나누거나, 가능하다면 꿈의 내용을 재연해 보세요. 눈을 감고 꿈 속으로 다시 들어가 어떤 특정한 장면에 대해 더 깊이 탐구해보세요. 많은 사람들은 꿈에서 고인이 된 사람이 전혀 다른 모습으로 나타나는 것에 충격을 받습니다. 그들은 종종 살아있을 때보다 더 젊고, 건강하며, 심지어 더 행복한 모습으로 나타납니다. 그 꿈은 우리에게 관계가 바뀌었다는 것을 일깨워주는 것 같습니다.

# 편지 쓰기

Writing a Letter

## What to Know

관계가 끝나서 그로 인해 힘든 감정과 슬픔으로 어려움을 겪고 있나요? 그 이유가 무엇이든 간에, 이별한 애인이나 고인에게 편지를 쓰는 것은 관계에서 억눌렸거나 침묵했던 감정을 자유롭게 표현할 수 있는 기회를 제공합니다. 물론, 상대방이 이 편지를 보거나 읽을 수 없을 가능성이 큽니다. 하지만 이 편지는 당신의 마음의 짐을 덜어줄 수 있는 안전한 공간을 제공합니다. 그리고 애도의 장소(1장 참조)는 그러한 편지를 쓰기에 적합한 안전한 장소가 될 수 있습니다.

## What to Do

첫 번째 세션에서 편지를 시작하고, 이후 세션에서 쓰기를 계속 이어갈 수 있습니다. 또 다음 세션에서 편지를 완성할 수도 있습니다. 어떻게 쓰든지, 생각이나 감정을 편집하지 말고, 있는 그대로의 자신을 충분히 표현하세요. 마음속에 쌓여 있던 것이 편지에 자연스럽게 나오도록 두세요.

- 무엇을 후회하나요? 무엇이 고마운가요? 원망스러운 것이 있나요? 무엇을 그리워하나요?
- 무엇을 억눌렀나요?
- 어떤 문제들이 당신과 그 사람 사이를 갈라놓았나요?
- 이제 무엇을 놓아줄 준비가 되었나요? 무엇을 계속 이어가고 싶나요?

- 이 관계에서 무엇을 배웠나요?
- 그 사람에게 어떤 약속을 했나요?
- 이제 그 약속들을 재평가할 때가 된 걸까요?

처음에는 편지에 분노의 표현만 가득할 수 있습니다. 괜찮습니다. 사랑스럽거나 친절한 마음을 느끼기 전에 불편한 감정과 생각의 표현이 먼저 필요할 수 있습니다. 하지만 상대방을 비난하거나 훈계하는 것은 피하세요. 이 편지의 목적은 상대방이나 상황 자체의 잘못을 찾는 것이 아니라, 마음속에 해결되지 않은 무언가를 표현하기 위함입니다.

## More to Do

해결되지 않은 문제가 더 깊은 소통이나 이해를 필요로 한다면, 사랑하는 사람과 대화하는 글을 써보는 것도 좋은 방법입니다. 질문으로 시작한 다음, 골똘히 생각하지 말고 떠오르는 답변을 적어보세요. 질문-답변-질문-답변 식으로 계속해서 쓰다 보면 대화가 자연스럽게 전개되기 시작할 것입니다.

써놓은 편지나 대화글을 다시 읽어보면, 뜻밖의 통찰이 떠오를 수 있습니다. 우리의 일상적인 사고방식을 멈추고, 내면의 소통과 통찰의 흐름에 편히 들어가려면 용기가 필요합니다. 마음을 열고 어떤 것이 떠오르고, 무엇이 진실로 느껴지는지 지켜볼 준비를 하세요.

그 날의 글쓰기를 마쳤을 때, 작성한 편지를 다시 읽어보세요. 이 편지가 치유의 과정에서 당신을 어디로 이끌었는지 느껴보세요.

- 자유롭고 솔직하게, 충분히 자신을 표현했나요?
- 해결되지 않는 어려운 문제들을 다루었나요?
- 여전히 후회가 남아있나요?
- 사랑하는 마음을 표현했나요?
- 용서, 연민, 또는 친절함을 느끼고 있나요?

# 고군분투 내려놓기

Drop the Struggle

## What to Know

오랫동안 이 감정적 '문제'들을 없애기 위해 애써 왔다면, 그리고 그것이 당신에게 큰 부담이 되고 있다면, 이제는 다른 접근법을 시도해 볼 때입니다. 슬픔과 애도의 과정을 새로운 방식으로 시도해 보세요. 힘든 생각, 감정과 고군분투하는 것을 내려놓는 것이 수용의 길입니다. 집중을 분산시키거나, 담배, 술과 같은 물질의 사용, 회피, 혹은 과도한 통제로 이러한 감정들을 억누르는 것은 원치 않는 생각과 감정을 없애는 방법이 아닙니다. 무시하거나 외면한다고 해서 그것들이 사라지는 것은 아닙니다. 고통스러운 감정들은 중요한 의미를 담고 있지만, 우리가 그것들을 밀어내기만 한다면 그것을 활용할 수 없습니다. 힘든 감정을 없애려는 시도는 오히려 그 경험이 더 지속되는 결과를 가져옵니다.

## What to Do

우리 마음속에 '고군분투 스위치'가 있다고 상상해보세요. 이 스위치가 켜지면 우리는 다가오는 신체적 또는 감정적 고통에 맞서 싸우기로 결심한 상태입니다. 불편함이 나타날 때마다, 우리는 그것을 없애거나 피하기 위해 최선을 다할 것입니다.

예를 들어, 슬픔을 느낀다고 가정해봅시다. 만약 고군분투 스위치가 켜져 있다면, 당신은 그 감정을 반드시 제거해야 합니다. "또 그 끔찍한 감정이야. 왜 자꾸 느껴지는거지? 어떻게 없애지?" 이 시점에서, 당신은 경험하는 슬픔에 대해 불안감을 느끼기 시작합니다.

다시 말해, 당신의 감정적 고통이 더 심해졌습니다. "더 나빠지고 있어! 왜 이러지?" 이제 당신은 더 큰 불안을 느끼게 됩니다. 그 상황에서 당신은 화가 날 수도 있습니다. "이건 불공평해. 왜 자꾸 이런 일이 일어나지?" 아니면 우울해질 수도 있습니다. "나는 왜 항상 이런 기분을 느끼는 걸까?" 이러한 이차적인 감정들은 불쾌하며, 도움이 되지 않고, 당신의 에너지와 활력을 소모시킵니다. 결과적으로 어떻게 될까요? 당신은 그로 인해 점점 더 불안하거나 우울해질 것입니다.

그러나 지금 당신의 고군분투 스위치가 꺼져 있다고 가정해보세요. 이 경우, 어떤 감정을 느끼더라도, 아무리 불쾌하더라도, 당신은 그것과 싸우지 않습니다. 예를 들어 슬픔이 느끼면, 당신은 스스로에게 이렇게 말할 수 있습니다. "자, 속에 불편함이 있어. 가슴에 답답함이 있어. 내 마음이 나에게 무서운 이야기들을 하고 있네." 그 상황은 여전히 불쾌하긴 하지만, 당신은 그것과 싸우며 시간과 에너지를 낭비하지 않기로 결심한 것입니다. 대신에 당신은 슬픔을 인식하면서도 자신이 중요하다고 여기는 의미 있고 삶의 가치를 향상시키는 활동에 에너지를 쏟기로 선택합니다.

고군분투 스위치가 꺼져 있을 때, 우리의 슬픔은 상황에 따라 자연스럽게 변화합니다. 때로는 슬픔이 크게 느껴질 수도 있고, 때로는 작게 느껴질 수도 있으며, 때로는 슬픔이 아주 빨리 지나갈 수도 있고, 때로는 오랫동안 머물 수도 있습니다. 그러나 중요한 점은, 우리가 그것과 싸우느라 시간과 에너지를 낭비하지 않는다는 것입니다. 따라서 우리는 우리의 삶을 의미 있게 만드는 다른 일들에 에너지를 쏟을 수 있습니다.

하지만 스위치를 켜면, 그것은 감정적 증폭기와 같습니다. 분노에 대해 분노를 느끼고, 불안에 대해 불안을 느끼며, 우울함에 대해 우울함을 느끼거나,

죄책감에 대해 죄책감을 느끼게 됩니다.

고군분투하는 것이 없으면, 우리는 자연스럽게 있는 그대로의 불편함을 느끼게 됩니다. 그것은 우리가 존재하고 살아감에 따른 자연스러운 것입니다. 하지만 고군분투를 시작하는 순간, 우리의 불편함 수준은 급격히 증가합니다. 우리의 감정은 더 커지고, 더 혼란스러워지고, 더 오랫동안 머무르며, 우리의 행동에 훨씬 더 큰 영향을 미치게 됩니다. 만약 우리가 고군분투 스위치를 끄는 방법을 배운다면, 그것은 우리의 삶에 큰 변화를 가져올 것입니다.

# 나쁜 습관 버리기

Breaking Bad Habits

## What to Know

극심한 슬픔과 애도의 한가운데 있을 때, 우리는 종종 떳떳하지 못한 행동을 하고 있는 스스로를 발견하게 됩니다. 상실로 인한 감정적 고통과 혼란은 너무나 강렬하기에 그것은 어찌 보면 당연한 일입니다. 그러나 진정으로 슬픔을 다루기 위해서는, 부끄러운 행동을 멈춰야 합니다. 이를 위해서는 자신의 행동을 솔직하게 바라볼 필요가 있습니다.

구체적으로, (a) 무엇이 당신의 행동을 촉발하는지, (b) 그 즉각적인 결과나 영향이 무엇인지 알아야 합니다. 촉발 요인에는 상황, 생각, 감정, 충동, 감각, 기억; 보거나, 듣거나, 만지거나, 맛보거나, 냄새 맡을 수 있는 모든 것; 목마름, 배고픔, 병, 피로와 같은 생리적 상태 등이 포함될 수 있습니다.

만약 행동에 따른 즉각적인 결과가 그 행동을 지속시키거나 더 많이 하게 한다면, 우리는 그것을 강화물이라고 합니다. 반대로, 처벌은 즉각적인 결과가 그 행동을 줄이거나 중단시키는 효과를 가져옵니다.

어떤 특정 행동에 대한 촉발 요인과 결과를 알게 되면, 우리는 그 행동이 특정 상황에서 어떤 효과를 가지는지, 또는 무엇을 얻게 하는지 알게 됩니다. 예를 들어, 밤에 혼자 있는 아파트에서 강렬한 슬픔을 느낀 누군가가 그 슬픔으로 인해 술을 마시게 된다고 가정해 봅시다. 술을 한 잔 마시면 즉각적인 결과로 (a) 슬픔이 사라지고, (b) 차분해지거나 고통이 덜해진다고 느낍니다.

이러한 결과들은 나쁜 습관을 지속시키는 강화물입니다.

우리는 이 사람이 특정 상황에서 술을 마시는 이유를 최소 두 가지 알게 되었습니다: 슬픔을 피하기 위해서, 그리고 고통을 덜 느끼기 위해서입니다.

## What to Do

슬픔으로 인해 생긴 나쁜 습관 또는 문제 행동이 있어서 그것을 줄이거나 멈추고 싶다면 당신은 다음의 4단계 과정을 사용할 수 있습니다.

1. **무엇이 그 행동을 촉발하나요?** 어떤 상황, 생각, 감정이 그 행동을 촉발하나요? 특정한 사람, 장소, 사건, 활동, 생각, 기억, 감정, 감각, 또는 생리적 상태가 이 행동을 자극하나요? 그것에 대해 적어봅니다: 문제 행동을 언제, 어디서 하는지, 그리고 그 행동을 하기 직전에 무엇을 느끼고 생각했는지 적어보세요.

2. **그 행동을 지속한다면 어떠할지, 장점과 단점에 대해 생각해 보세요. 그 행동을 지속하는 이유는 무엇인가요?** 그 행동이 당신에게 도움이 되나요? 아마도 원하는 것을 얻는 데 도움이 되거나, 원치 않는 것으로부터 자신을 보호하는 데 도움이 될 것입니다. 그 행동으로 인한 대가 또는 단점은 무엇인가요? 의도와 달리 부정적인 결과를 가져오진 않았나요? 그 행동을 할 때 중요한 것을 놓치고 있는 것이 있나요? 삶에서 중요한 가치나 목표, 중요한 사람이나 활동과 멀어지게 하나요? 그 행동이 당신이 진정으로 원하지 않는 결과를 초래하나요?

3. **힘겨운 상황에서 평소처럼 행동하지 않는다면 대신 무엇을 할 건가요? 좋은 대안이 무엇일까요?** 새로운 대체 행동을 찾았다면, 그것을 적어두세요. 그것은 당신이 삶에서 소중히 여기는 가치에 따라 선택한 행동입니다:
   - 이 대체 행동은 어떤 가치를 충족시키나요? (삶의 가치를 발견하고 명확히 하는 데 더 많은 지침이 필요하다면, 책의 3부에 있는 '당신

의 가치' 연습을 참조하세요.)

- 대체 행동과 관련된 힘든 생각과 감정은 무엇인가요? 그것들을 받아들일 준비가 되었나요?

- 이 대체 행동은 현실적이고 실천가능한가요? 10점 만점에 7점 이상인가요? 그렇지 않다면, 더 간단하고 쉬운 행동으로 만들어 7점 이상이 될 때까지 수정하세요.

4. **대체 행동을 연습하는 데 필요한 기술은 무엇인가요? 그것은 부정적인 감정을 받아들이는 능력일까요?** 마음챙김에 더 많은 시간을 내는 것일까요? 심리적 유연성을 향상시키는 것은 어떤가요? 창의적으로 접근해보세요. 그리고 자신이 정말 필요로 하는 것이 무엇인지 정하는 것이 그 목표에 도달하는 첫 걸음임을 인식하세요.

# 제 3 부

# 다시 의미 찾기

Finding Meaning Again

우리가 무언가를 잃어버린 순간 우리의 삶에 많은 변화들이 찾아옵니다. 이전으로 되돌아갈 수 없으며 우리는 그것을 피할 방법이 없습니다. 그러나 상실과 함께 삶에 다시 참여할 수 있는 놀라운 기회를 얻습니다. 그러한 참여는 우리의 방식에 따라, 우리의 가치에 따라 이루어집니다. 상실은 매일의 소중함을 다시 일깨워 줄 수 있습니다. 누군가를 뒤로 하고 새 출발을 하거나, 지난 시간을 잊으려는 것이 아니라, 잃어버린 것 또는 이별한 사람에 대한 기억을 통해 지금 이 순간 주어진 삶에 대한 우리의 다짐을 다시 확인하는 것입니다.

"상실은 힘겹지만, 동시에

상실은 새로운 무언가를

위한 공간을 만들어 주기도

합니다."

- 알렉산드라 케네디

# 가치에 따라 살기

Living Your Values

## What to Know

'가치'는 행동이 지니는 바람직한 특성입니다. 즉, 지금 이 순간, 그리고 앞으로도 지속적으로 당신의 행동에 담고 싶은 좋은 자질입니다. 본질적으로, 가치는 당신이 인간으로서 어떻게 행동하고 싶은지, 자신과 타인, 그리고 주변 세계를 어떻게 대하고 싶은지에 대한 마음속 깊은 바람입니다. 우리가 원하는 달성가능한 결과 또는 미래에 가지고 싶거나 이루고 싶은 것을 설명하는 목표와 달리, 가치는 지금 이 순간에 그리고 지속적으로 우리가 어떻게 행동하고 싶은지 그 방향을 말합니다.

목표와 가치를 구분하는 것은 중요합니다. 왜냐하면 슬픔으로 인해 목표가 너무 멀게 느껴지거나 달성 불가능해 보일 때에도, 지금 여기에서 가치에 따라 사는 것은 우리에게 힘을 주기 때문입니다. 예를 들어, '친절함'이라는 가치는 사소한 행동(예: 누군가에게 문을 열어주는 것)에서부터 삶의 장기적인 목표에 이르기까지 모든 행동을 뒷받침할 수 있습니다. 장기적인 목표를 성취하는 데 몇 년이 걸릴 수 있지만, 친절함의 가치는 매일 수많은 방법으로, 당신이 말하고 행동하는 것을 통해 실천할 수 있습니다.

우리가 자신의 가치를 알면, 슬픔에 사로잡혀 있을 때에도 더 나은 선택을 할 수 있게 됩니다. 가치는 우리 삶을 인도하는 마음 속 나침반처럼 작용하여, 우리가 나아갈 방향을 찾고 삶의 목적을 느낄 수 있게 도와줍니다.

또한 가치는 동기를 제공하며, 진정으로 중요한 일을 할 수 있는 힘과 용기를 줍니다. 삶이 지루하고 답답하게 느껴질 때, 가치는 삶에 활기를 더해줍니다. 가치를 실천할 때 당신은 자신에게 충실하고, 자신이 선택한 방식으로 진정으로 원하는 삶을 살아간다고 느끼게 됩니다.

## What to Do

당신의 가치는 무엇인가요? 일상을 살면서 어떤 자질을 갖고 싶은가요? 당신이 되고자 하는 사람의 모습을 특징짓는 자질은 무엇인가요? 당신의 가치를 목록으로 작성해 보세요. 예를 들어, 가족, 우정, 부모 역할, 건강, 직업적 성공, 영성 등 삶의 다양한 영역을 생각해보고, 친절함, 자비, 책임감, 용기 등과 같이 당신이 원하는 자질들에 대해 떠올려 보세요.

그런 후에 매일 아침, 그날 하루 동안 실천하고 싶은 1-2가지 가치를 선택하세요. 예를 들어, '유쾌함'과 '개방적'이라는 가치를 선택할 수 있습니다. 매일 다른 가치를 선택해도 좋고, 항상 같은 가치를 유지해도 괜찮습니다. 이는 전적으로 당신이 선택하는 것입니다. 그리고 하루를 보내면서 당신의 활동에 그 날 선택한 가치를 '뿌릴' 기회를 찾아보세요. 당신의 말이나 행동이 무엇이든 그 속에 가치의 맛을 더할 수 있는지 살펴보세요. 가치의 맛이 더해졌을 때, 그 순간을 음미하세요! 당신이 하고 있는 것을 인식하고, 그 경험을 적극적으로 음미하세요. 마치 좋아하는 음식이나 음악을 음미하듯이 말입니다. 주의를 기울여 지금 일어나고 있는 것을 알아차리고, 그것을 감사히 여겨보세요.

# 나에게 가장 중요한 것

What Matters Most

## What to Know

슬픔은 무엇이 중요한지, 그리고 무엇이 중요하지 않은지를 명확히 해줍니다. 슬픔의 과정은 새로운 관점, 새로운 우선순위, 그리고 새로운 가치를 만들고 삶을 재통합하게 합니다.

고요한 시간이 되었을 때 당신은 슬픔과 혼란 속에서 어떤 질문들이 떠오르기 시작할 수 있습니다. 당신 삶의 진정성에 대해 묻는 진지한 질문들입니다. 무엇이 나에게 기쁨을 주는가? 무엇이 나의 삶을 가치있게 만드는가? 나는 무엇을 원하는가?

처음에는 이러한 질문들을 외면할 수도 있습니다. 이것은 자연스러운 반응입니다. 이러한 방식으로 우리의 삶을 돌아보는 것은 쉽지 않습니다. 그러나 질문해 나가는 과정은 슬픔의 과정에서 가장 창조적인 측면 중 하나입니다. 바로 이 질문들은 더 이상 당신을 지탱하지 못하는 것이 무엇인지, 무엇이 당신의 주의와 에너지를 요구하고 또 변화가 필요한 것은 무엇인지를 깨닫게 해줄 것입니다.

## What to Do

삶에 대한 질문들이 떠오르기 시작할 때, 서둘러 답을 찾으려 하기보다 그 질문들을 기꺼이 받아들이세요. 질문 자체가 여러분을 더 깊은 곳으로 인도할 수 있도록 허용하세요. 답을 알지 못한 채 의식 속에 질문을 품고 있는 것은 참으로 어려운 일이며, 본능적으로 그 불편함에서 벗어나고 싶어질 수 있습니다. 그렇다면 당신의 타고난 지혜와 연결되기 위해 성찰을 도와주는 애도의 장소(1장 참조)를 활용해 보세요.

탐구할 몇 가지 질문들:

- 나는 정말로 내가 원하는 삶을 살고 있는가?
- 내 삶에서 더 이상 의미가 없는 무언가를 버려야 할 필요가 있는가?
- 성스러운 것은 무엇인가?
- 나는 누구를 또는 무엇을 사랑하는가?
- 나는 성공을 위해 무잇을 희생했는가?
- 삶에서 나의 소명이 무엇인가?
- 나는 그 소명에 어떻게 응답했는가, 혹은 어떻게 무시했는가?
- 내 삶을 이어 나가기 위해 진정으로 변화되어야 하는 것은 무엇인가?
- 내 안에서 어떤 새로운 지평이 보이기를 원하는가?


이 질문들을 스스로에게 허용한다면, 그에 응답하여 삶이 다시 열리기 시작할 것입니다. 그리고 질문들에 대한 답이 천천히 다가올 수 있습니다. 명상 중의 침묵 속에서, 전날 밤의 꿈에서, 일기에 적었거나 책에서 읽은 문구 속에서 답을 발견할 수 있습니다. 많은 경우, 이러한 답은 강렬한 느낌과 함께 다가옵니다. 몸의 전율이나 소름 같은 "아하!"하는 깨달음의 순간일 수 있습니다.

# 새로운 습관 실천하기

Sustaining New Habits

## What to Know

우리 삶에서 중요한 무언가를 잃는다는 것은 천지개벽한 상황처럼 느껴집니다. 많은 사람들은 일상과 정상적인 삶의 방식이 산산이 부서졌다고 느끼며, 그로부터 회복하는 것을 어려워합니다. 어떤 사람은 문제가 되는 나쁜 습관에 빠지기도 합니다. 우리는 심리적 고통을 줄이고 의미 있는 삶을 다시 구축하기를 열망합니다. 때로는 너무 지나치게 열망하기도 합니다. 이러한 목표를 달성하기 위해서는 인내심과 전념하는 행동이 필요합니다: 전념한다는 것은 우리의 가치에 따라 살아가고 행동하는 것을 말합니다.

아마도 당신은 이전 장에서 다룬 촉발 요인, 그에 대한 행동과 결과를 탐구하고, 자신의 가치에 대해 성찰하거나, 또는 현재의 슬픔 과정에서 자신을 위한 새로운 습관을 정립하려고 노력 중일 것입니다. 그렇다면, 먼저 스스로에게 다음과 같은 질문을 던지는 것이 중요합니다:

- 이 상황에서 어떤 가치를 실천하고 싶은가?
- 나는 무엇을 지지하고 싶은가?
- 내가 겪고 있는 이 슬픔에 맞서 어떻게 행동하고 싶은가?
- 나는 다른 사람들에게 어떤 모범을 보이고 싶은가?

## What to Do

먼저, 정립하고자 하는 새로운 습관을 명확히 하세요. **스마트(SMART)**한 목표를 세워야 합니다. 목표가 다음을 충족하는지 확인하세요:

**S** (specific)—구체적인 것: 정확히 무엇을 하고 싶은지 명확하게 알고 있는가?

**M** (motivated by values)—가치에 의해 동기화 된 것: 목표가 당신이 중요하게 여기는 가치와 일치되는가?

**A** (actionable)—실행가능한 것: 이 행동을 실천할 수 있는가?

**R** (realistic)—현실적인 것: 당신이 가진 자원과 시간 내에서 실행 가능한가?

**T** (time-framed)—기간이 정해진 것: 이 변화를 이루기 위해 목표에 대한 구체적인 기간을 설정할 수 있는가?

또한, 이 새로운 습관을 실행하는 과정 중에 생길 수 있는 잠재적인 어려움과 장애물을 마주쳤을 때 어떻게 해결할지 미리 계획하세요.

## More to Do

새로운 습관을 실행할 때마다, 그 순간에 당신이 진정 원하는 가치에 집중하고, 그로 인한 좋은 점을 마음 깊숙이 감사하게 받아들이세요. 이것은 지속적인 동기 부여에 큰 역할을 합니다. 특히 초반에는 만족감이나 즐거움 없이, '이를 악물고 버티고', '어려움을 견디는' 시간이 될 수도 있습니다. 하지만 그 순간 현재에 머무르며, 느껴지는 어떤 경험이라도 감사하게 여길 수 있는 시간임을 알아차리도록 노력하세요. 전반적으로 경험이 스트레스가 많고 불만족스러울지라도, 그 안에서 감사할 수 있는 순간은 항상 존재합니다. 새로운 습관을 꾸준히 실천하면서 마음챙김과 인내심을 가질 때, 시간이 지날수록 당신은 더 많은 의미 있는 순간들을 경험하게 될 것입니다.

# 생각 탐구하기

Explore Your Thoughts

## What to Know

대부분의 사람들은 '부정적으로 생각하는' 자신에게 문제가 있다고 생각합니다. 그러나 실제로 당신의 마음은 다른 사람들과 크게 다르지 않습니다. 당신의 마음은 손상되거나 고장 난 것이 아닙니다. 당신의 마음은 결함이 있는 것이 아니며, 당신이 생각하는 방식에 문제가 있는 것도 아닙니다. 당신이 가지고 있는 생각들은 정상적이고 자연스럽고 타당한 것입니다. 우리 모두는 이렇게 생각하는 마음을 가지고 있습니다.

현재 당신의 마음이 과거나 미래에 대한 생각, 내가 누구인지 자신의 정체성에 대한 생각, 슬픔에 대한 생각, 그 외 과거 기억, 이유, 규칙, 판단 등으로 가득 차 있다고 가정합시다. 만일 그러하다면 지금 주어진 일에 집중하거나 하고 있는 활동에 몰입하기 어렵고 다른 사람과 완전히 함께 있는 것이 버거울 수 있습니다.

삶을 앞으로 나아가게 하는 핵심은 생각을 있는 그대로 바라보는 것입니다. 생각은 순간순간 변하는 단어나 이미지이며 끊임없이 오고 가는 것들입니다. 우리는 종종 우리의 생각이 진실이라고 느끼며, 생각이 떠오를 때 그것에 대해 무언가를 해야 한다고 느낍니다. 그러나 실제로 그것들은 진실일 수도 있지만 또 진실이 아닐 수도 있습니다. 그것들이 진실이든 아니든, 우리는 그 생각들에 대해 반드시 따를 필요도, 위협으로 받아들일 필요도, 싸울 필요도, 피할 필요도, 주의를 기울일 필요도 없습니다.

# What to Do

근본적으로 통제할 수 없는 생각들과 씨름하거나 압도당하는 대신, 다음의 네 단계 과정을 시도해 보세요.

1. **생각 알아차리기:** 단순히 생각의 존재를 알아차리세요. 지금 내가 무슨 생각을 하고 있지? 라고 스스로에게 물어보세요. 지금 내 마음이 무엇을 하고 있는지 알아차리세요. 마음이 조용한가요, 아니면 활동적인가요? 혹은 어떤 생각이 드나요? 그것들이 이미지인가요, 단어인가요, 아니면 머릿속의 목소리와 같은가요?

2. **이름 붙이기:** 생각을 알아차릴 때, 그것들에게 이름을 붙일 수 있습니다. 처음에는 '생각,' '생각 중,' '마음' 같은 일반적인 용어를 사용하게 됩니다. 그러나 이 과정에 익숙해지고 슬픔을 다루는 과정을 계속하다 보면, 더 구체적이거나 장난스러운 이름을 붙여볼 수 있습니다.

3. **정상화하기:** 많은 '부정적'이거나 '이상한' 생각을 하면서 스스로에게 문제가 있다고 느낄 수 있습니다. 특히 당신의 생각이 "비합리적이다", "왜곡되었다", "도움이 안된다"는 말을 들었다면 더 그렇습니다. 그래서 자기 수용을 키우는 것이 중요합니다. 예를 들어, "이런 생각들은 정상적이야.", "내가 겪은 일을 고려해 볼 때 이런 생각들을 한다는 것이 이해가 돼.", "이건 지극히 정상적인 반응이야." 라고 스스로에게 말해 보세요.

4. **목적 이해하기:** 궁극적으로, 우리는 가장 '부정적'이고, '문제적'이고, '도움이 되지 않는' 생각들조차 마음의 목적이라는 관점에서 재구성할 수 있습니다. 생각은 우리를 보호하고 우리의 필요를 충족시키기 위한 마음의 시도입니다: 우리가 원하지 않는 것을 피하거나, 원하는 것을 얻도록 도와주기 위한 것입니다. 다음은 우리가 쉽게 빠질 수 있는 왜곡된 생각 패턴의 몇 가지 예와 그것들이 우리를 보호하려는 의도로 어떻게 작용하는지에 대한 예시입니다:

- **걱정, 재앙화, 최악의 상황 예측:** 이것은 당신의 마음이 행동에 나설 준

비를 하게 하려는 시도입니다. 마음은 이렇게 말하고 있습니다. "조심해. 나쁜 일이 일어날 가능성이 커. 다칠 수도 있어. 고통을 겪을 수도 있어. 준비해. 대비해. 스스로를 보호해."

- **반추, 과거일에 대한 집착, 자기비난:** 이것은 당신의 마음이 과거 사건으로부터 배울 수 있도록 도우려는 시도입니다. 마음은 이렇게 말하고 있습니다. "나쁜 일이 일어났어. 만약 네가 그 사건으로부터 배우지 않는다면, 같은 일이 다시 일어날지도 몰라." 그러므로 당신은 왜 그런 일이 일어났는지, 무엇을 다르게 할 수 있었는지 생각해보아야 합니다. 그로부터 배움이 있어야만 비슷한 일이 다시 일어났을 때를 대비하고 무엇을 해야 할지 알 수 있기 때문입니다.

- **반복적인 문제 행동에 대한 자기비판:** 이것은 마음이 당신을 변화시키려는 시도입니다. 마음은 당신이 충분히 자책하면, 그 행동을 멈출 것이라고 생각합니다.

이 네 단계 과정을 몇 주간 꾸준히 실천해보세요. 반복적으로 경험하는 부정적 사고 패턴을 다루기가 더 쉬워지는지 확인해보세요.

# 입장 취하기

Taking a Stand

## What to Know

애도에는 '옳은 방식'이란 존재하지 않습니다. 해야 할 '옳은 일'도, 느껴야 할 '옳은 감정'도 없으며, 애도의 '적절한 기간'이라는 것도 없습니다. 각자는 자신만의 독특한 방식으로 슬픔을 경험하며, 이는 가족사, 문화적 배경, 종교적 또는 영적인 신념 등의 요인에 크게 영향을 받습니다.

이런 감정을 느껴야 한다거나 혹은 저런 감정을 느끼지 말아야 한다거나, 울어야 한다거나, 울지 말아야 한다거나 하는 여러 생각들이 있습니다. 한 가지 진실은 슬픔에 빠져 있을 때 느끼는 감정에 옳고 그름이 없다는 것입니다. 어떤 사람들은 분노를 느끼기도 합니다. 또 다른 사람들은 비탄을 느낍니다. 어떤 사람들은 죄책감을 느끼고, 또 다른 사람들은 멍한 느낌을 갖습니다. 심지어 안도감을 느끼는 사람도 있습니다. 그리고 이 모든 감정은 날씨처럼 변합니다. 오르락내리락하고, 찾아왔다가 사라집니다. 모든 사람은 자신만의 방식으로 슬퍼할 자유가 있습니다. 자신이 느끼는 것을 있는 그대로 느끼며, 짧든 길든 원하는 만큼 슬퍼할 수 있습니다.

# What to Do

슬픔을 겪고 있을 때는 엄청난 현실적인 격차가 있습니다. 우리가 원하는 삶과 현재 내가 마주한 삶 간에 거대한 격차가 생깁니다. 우리들 대부분은 적어도 처음에는 그 격차에 짓눌리거나 그것으로부터 도망치고, 약이나 술, 주의분산 등과 함께 숨어 버리기도 합니다. 하지만 우리가 할 수 있는 것은, 이 거대한 틈을 향해 돌아서서 어떠한 입장을 취하는 것입니다.

그리고 당신이 어떠한 입장을 취할지는 전적으로 당신에게 달려 있습니다. 그것이 용기일 수도 있고, 정직함, 연민심, 사랑일 수도 있습니다. 다시 말하지만, 여기에 옳고 그름은 없습니다. 이 고통 앞에서 당신이 되고 싶은 사람이 되는 것입니다.

몇 가지 상황을 가정해 봅시다:

- 6개월 후 오랜 친구를 우연히 만났을 때 "그때, 6개월 전, 그 엄청난 슬픔 속에서 너는 어떤 입장이었어? 너 자신과 사랑하는 사람들을 어떻게 대했니?" 라고 친구가 물었다면 당신은 어떻게 대답하고 싶습니까?

- 1년 후, 오랜 친구가 당신을 우연히 만나 묻습니다. "그때, 1년 전, 그 엄청난 슬픔 속에서 너는 어떤 입장이었어? 너 자신과 사랑하는 사람들을 어떻게 대했니?" 라고 친구가 물었다면 당신은 어떻게 대답하고 싶습니까?

- 1년 후, 오랜 친구가 당신을 우연히 만나 묻습니다. "그때, 1년 전, 그 엄청난 슬픔 속에서 너는 어떤 입장이었어? 너 자신과 사랑하는 사람들을 어떻게 대했니?" 라고 친구가 물었다면 당신은 어떻게 대답하고 싶습니까?

이 질문에 답하는 과정이, 현재의 상황을 받아들이며 당신이 원하는 방향, 즉 가치에 따른 삶의 궤적을 떠올리게 하나요?

# 상실은 스승이다

Loss Is a Teacher

## What to Know

고통은 관계성과 영적 신념에 있어서 당신을 심오한 마음챙김의 상태로 이끌 수 있습니다. 우리가 잃어버린 사람과 관계, 심지어 인생의 시간들조차도 우리의 영적 스승이 될 수 있습니다. 상실을 다루는 것은 쉽지 않으며, 우리는 종종 그러한 경험을 하지 않기를 바라곤 합니다. 그러나 당신이 잃어버린 그것이 무엇이든, 그것은 당신의 삶에서 한때 큰 의미를 지녔으며, 아마 지금도 여전히 의미로 남아 있을 것입니다. 그리고 그 상실과 고군분투하는 과정 자체도 당신에게 의미를 가질 것입니다. 현재 당신이 경험하고 있는 고통이 없었다면, 당신은 지금의 삶과 사랑을 감사히 여기고 개인적 성장을 추구할 수 있는 이 특별한 기회는 없었을 것입니다.

상실의 고통을 영적 스승으로 삼아, 당신이 느끼고 경험하고 있는 것들에 대한 감사의 마음을 가지기 시작할 수 있습니다. 비록 당신의 슬픔이 여전히 고통스러울 수 있지만, 슬픔을 마음챙김으로써 경험해보세요. 나선형 계단의 구부러짐, 관계의 계기와 변화들, 그리고 자신의 개인적 성장을 깨닫도록 스스로에게 허락하면서 결국 당신의 슬픔과 사랑이 서로 깊이 연결되어 있음을 깨닫게 될 것입니다.

따라서 마음챙김을 통해 슬픔을 마주하는 것은 삶과 사랑에 대한 긍정적인 태도로 이어질 수 있습니다. 이것이 바로 도전입니다: 슬픔과 난관을 수치스럽고, 불가능하고, 처벌적이고, 해로운 것으로 여기지 않고, 대신 귀중한 인생 교훈을 배우는 기회로 경험하는 것입니다.

## What to Do

몇 차례 깊은 호흡을 통해 당신의 주의를 안으로 향하게 합니다. 그런 다음, 잃어버린 어떤 대상을 떠올려 봅니다: 그것은 사람일 수도 있고, 특정한 인생의 단계나 시기일 수도 있으며, 비슷하게 중요한 의미를 가진 어떤 것일 수도 있습니다. 그 잃어버린 대상과 당신과의 관계에 초점을 맞추어 봅니다. 그것이 무엇이든, 그것이 어떻게 존재했는지, 그것이 가진 본질적인 특성은 무엇이었는지 스스로에게 물어보세요. 그 사람이나 상황에서 특별히 사랑을 느꼈던 것이 무엇이었나요? 쉽지 않고 도전이 되었던 부분도 있었나요?

이제 당신이 잃어버린 대상이 당신의 삶에서 어떤 역할을 하였는지 생각해 보세요. 당신에게 어떤 의미를 가졌나요? 당신이 원하는 삶을 위해 어떤 교훈이 있습니까?

마지막으로 자기자신에게 주의를 기울여 보세요. 지금 이 상실을 어떻게 경험하고 있나요? 어떤 기분이 드시나요? 하루하루를 어떻게 보내고 있나요? 이 상실이 지금 이 순간 당신에게 무엇을 가르쳐 줄 수 있을까요?

고통에 대한 이러한 영적인 태도는 삶에 대한 생각을 변화시킬 것입니다. 마음챙김으로 슬픔을 느끼고, 당신이 생각하고 느끼고 있는 것을 있는 그대로 알아차린다면 당신은 고통을 견뎌낼 수 있다는 깊은 확신을 키울 수 있습니다. 삶의 불확실성을 견디는 당신의 능력은 시간이 지남에 따라, 그리고 마음챙김 연습을 꾸준히 실천해 나감에 따라 더욱 발전하고 성숙해질 것입니다.

# 미래의 자아를 재구성하기

Reconstruct Your Future Self

## What to Know

우리가 확고한 정체성을 가지고 있구나 하고 느끼는 순간은, 매일 이어지는 시간 속에서 우리가 어디에 있을지 미리 알고 있다고 느낄 때입니다. 모든 관계에는 미래에 대한 기대가 있습니다. 예를 들어, 어떤 장소로 휴가를 가는 계획이나, 함께 늙어가자는 막연한 계획이 그렇습니다. 어떻든 미래에 대한 이러한 기대는 '미래의 자아'라고 할 수 있습니다. 이것은 실현되기를 바라는 정체성입니다.

슬픔이 혼란스럽게 느껴지는 이유 중 하나는, 어떤 대상을 잃었을 때 이러한 미래의 자아가 흔들리기 때문입니다. 당신이 세운 모든 계획이 이제는 불가능해집니다. 예를 들어, 떠난 애인과 함께 보내기를 기대했던 날이 다가올수록 외로움은 더욱더 커져갑니다.

미래에 대한 자신의 무의식적 기대를 알아차림으로써, 의도적으로 건강하고 긍정적인 목표를 설정하고 당신이 진정으로 되고자 하는 가치를 향해 나아갈 수 있습니다. 이와 같은 방식으로 많은 사람들이 미래의 자아를 잃어가는 과정에서 미래의 자아와 현재의 자아가 동일한 사람이라는 사실을 깨닫게 됩니다. 즉, 내일의 당신은 오늘의 당신의 결과라는 것입니다. 따라서, 고통 속에서 의미를 찾는 것은 슬픔의 결과로서 자신이 어떤 사람이 되고 싶은지 스스로에게 묻는 것을 포함합니다.

# What to Do

내년에 하고 싶은 구체적인 세 가지 일을 잠시 상상해보세요. 그것을 쉽게 확인할 수 있는 곳에 적어 두세요. 그런 다음, 3개월 후와 6개월 후, 그리고 마지막으로 9개월 후에 알림 설정을 합니다.

알림이 울릴 때마다, 자신이 적어두었던 것을 확인해 보세요. 만약 자신이 설정한 목표에 맞는 행동을 이미 하고 있다면 그 경험에 대해 감사하는 시간을 가집니다. 그리고, 그 경험에서 가장 기억에 남는 순간을 떠올려 봅니다. 만약 아직 행동하지 않았다면, 그 순간에 그 약속을 현실로 만들기 위해 한 가지 일을 실천해 보세요.

슬픔은 인간이 경험할 수 있는 가장 감정적으로 강렬한 경험 중 하나이기 때문에, 매우 혼란스러울 수 있습니다. 상실로 인해 당신의 일상생활은 극단적으로 그리고 분명하게 변화합니다. 고통의 장막이 과거를 가리고, 미래의 삶은 불확실해집니다. 그러나 슬픔은 당신이 원하는 방식으로 자신을 재정비할 수 있는 소중한 기회를 제공합니다. 사랑하는 사람들과의 이별이나 과거의 삶의 방식에서 오는 고통에 때로 압도당하면서도, 많은 이들은 연금술사처럼 슬픔의 고통을 통해 성장해 나갑니다. 즉, 그들은 기분이 나아지기 시작한 몇 달 후에, 그들의 슬픔이 비록 고통스러웠지만, 그들의 삶을 더 나은 방향으로 변화시켰다는 사실을 깨닫게 됩니다.

# 자연이 주는 교훈

Learning from Nature

## What to Know

슬픔이 어떻게 삶을 변화시키는지에 대한 가장 중요한 질문들은 주로 슬픔의 감정적 강도와 관련이 있습니다. 슬픔에 수반되는 강렬한 고통은 어떻게 되는 것일까요? 이 고통은 우울증의 위험을 초래하고, 삶을 변화시킬 잠재력을 지니고 있습니다.

물리학에서 열역학 제1법칙은 에너지가 창조되거나 파괴될 수 없으며, 오직 변환될 수 있을 뿐이라고 말합니다. 태양보다 몇 배나 더 강력한 거대한 별들이 우주의 블랙홀에 빨려 들어가 분열하면, 그 빛과 에너지는 결국 우주로 다시 방출됩니다. 이 별들의 잔해는 새로운 별과 행성을 만들고, 어쩌면 새로운 생명까지 창조합니다. 우주에서 가장 파괴적인 힘 중 하나에서 생명의 재료가 탄생하는 것입니다.

슬픔도 마찬가지입니다. 슬픔의 에너지는 당신의 정체성을 구성하는 모든 것, 즉 신체적, 감정적, 정신적, 영적, 그리고 대인 관계에 영향을 미칩니다. 또 다른 비유를 들자면, 상실과 슬픔을 받아들이고 그것이 우리를 변화시키도록 하는 과정은, 파괴적인 산불 이후 스스로 재생하는 숲의 생명력과 같습니다. 산불은 그 순간 숲에 치명적인 영향을 미치지만, 동시에 생태계의 자연적 질서의 일부이기도 합니다. 일부 나무는 심지어 화염 속 강력한 열에 의해서만 열릴 수 있는 씨앗을 만들어 냅니다.

# What to Do

　자연의 신비를 떠올려 보고, 슬픔의 과정을 표현할 수 있는 자연 세계의 은유를 생각해 보세요. 상실과 재탄생 또는 변형과 관련된 자연의 과정이나, 계절의 변화처럼 소멸과 회복이 반복되는 주기적인 자연의 과정을 떠올려 보세요. 이것을 가능한 한 창의적으로 표현해 보세요.

　내 슬픔은……이다.

　추가로, 슬픔을 다루는 과정에서 실제 자연을 활용하는 것도 도움이 됩니다. 야외공원, 하이킹 코스, 정원과 같은 자연을 느낄 수 있는 장소에 자주 가는 일상을 만들어 보세요. 처한 상황과 상관없이 수많은 기회가 있을 것입니다. 산책하는 동안, 당신이 만든 창의적인 표현을 만트라(반복적으로 읊는 문장)로 사용하십시오.

　그렇게 함으로써, 당신은 슬픔의 변화무쌍함을 받아들이고 의도적으로 다가가겠다고 스스로에게 약속합니다. 또한, 미래의 자신을 향해 신중한 발걸음을 내딛겠다는 결심을 하게 됩니다.

# 어떻게 도전할 것인가

The Challenge Formula

## What to Know

어떤 도전적인 상황에서도, 그 상황이 무엇이든 간에 우리는 항상 다음 세 가지 선택지 중 두세 가지를 가지고 있습니다:

1. 떠나기
2. 머물러서 우리의 가치에 따라 살기: 상황을 개선하기 위해 할 수 있는 것을 하고, 피할 수 없는 고통에 대해 공간을 마련하고, 자신을 친절하게 대하기
3. 머물러서 아무것도 하지 않거나 상황을 악화시키기

물론, 첫 번째 선택지인 '떠나기'는 항상 가능한 것이 아닙니다. 예를 들어, 심각한 병을 앓고 있거나 사랑하는 사람을 잃었다면 그 상황을 간단히 떠날 수 없습니다. 어디로 가든 문제는 항상 따라오기 때문입니다. 그러나 때로는 떠나는 것이 옳은 선택일 때가 있는데, 그럴 경우 진지하게 그 선택지를 고려해 보아야 합니다. 예를 들어, 당신에게 해악을 끼치는 관계 속에 있거나 끔찍한 직장에 다니거나, 반복적으로 트라우마에 노출되는 직업(예: 응급 구조대원, 군인)에 종사하고 있다면, 머무르는 것보다 떠나는 것이 당신의 삶을 더 풍요롭고 충만하며 의미 있게 만드는 방법일지 진지하게 따져 봐야 합니다.

이제, 떠날 수 없거나 떠나지 않기로 했다면, 당신에게는 2번과 3번 두개

의 선택지가 남아 있습니다. 불행히도, 우리 대부분은 세 번째 선택지인 '머물러서 아무것도 하지 않거나 상황을 악화시키기'를 자연스럽게 선택하는 경향이 있습니다. 삶의 도전 앞에서 우리는 힘겨운 생각과 감정에 쉽게 사로잡혀, 실질적으로는 우리를 아무것도 하지 않게 하거나 문제를 악화시키는 자기 패배적 행동 패턴에 빠져들게 됩니다. 예를 들어, 과도한 약물과 알코올 사용에 의존하거나, 사랑하는 사람들과 싸우거나 그들에게서 멀어지게 하고, 삶의 중요한 부분을 거부하는 등 수많은 자기 파괴적 행동을 할 수 있습니다.

따라서 더 나은 삶으로 가는 길은 '두 번째 선택지'에 있습니다: 머물러서 당신의 가치에 따라 살고, 상황을 개선하기 위해 할 수 있는 모든 것을 하는 것입니다. 물론 힘든 상황에서는 행복감을 기대할 수 없습니다. 고통스러운 생각과 감정이 찾아올 것이 자명합니다. 그래서 두 번째 선택지의 뒷부분에서 피할 수 없는 고통에 대한 공간을 마련하고, 자신을 친절하게 대하는 것이 매우 중요합니다.


## What to Do

도전을 위한 공식은 매우 간단합니다. 이것은 기본적으로, 당신이 힘든 시기에 중요하게 여기는 가치에 따라 자신의 미래를 선택하게 될 것임을 의미합니다. 따라서 상황이 정말 힘들다고 느껴질 때, 아래의 공식을 사용해 자신에게 도움되는 생각 패턴을 만들어 보세요:

- 나는 ___________ (감정)을 느낀다.
- 그 감정은 고통스럽고 힘들지만, 삶의 일부로서 환영 받을 만하다.
- 그것을 없애려 하기보다는 그것을 환영하고 싶다.
- 그것은 오늘 나에게 중요한 가치를 위해 할 수 있는 한 가지 행동을 하도록 상기시킨다.

# 제 4 부

# 특정 문제들

Special Problems

소중한 대상을 잃는 것만큼 마음을 불안정하게 만드는 일은 없습니다. 누군가는 상실로 인해 매일의 일상과 세상에 대한 안전감이 산산조각 날 수 있습니다. 상실은 우리의 식습관, 수면 패턴, 타인과의 상호작용을 변화시킬 수 있는 파급력을 가집니다. 또한, 상실은 우울, 불안, 심지어 분노를 불러일으킬 수 있으며, 우리의 성격적 경향까지도 바꿀 수 있습니다. 그렇기 때문에 상실이 미치는 영향을 인정하고, 그로 인한 문제에 대한 해결책을 찾는 것이 중요합니다.

"슬픔이 당신에게 어떻게

작용하는지를 받아들이게

되면, 슬픔이 당신에게

무엇을 보여주고자 하는지를

배울 수 있습니다."

- 알렉산드라 케네디

# 죄책감과 자기비난 다루기

Handling Feelings of Guilt and Self-Blame

## What to Know

죄책감은 우울증을 특징짓는 일련의 감정들 중에 하나입니다. 특히 사랑하는 사람을 잃고 슬퍼하는 과정에서, 지난 관계 속에서 무언가를 하지 못했다는 느낌은 죄책감을 키울 수 있습니다. 죄책감을 느끼게 되면 자신을 향한 비난과 무가치함에 갇히게 됩니다. 그리고, 죄책감은 변화하는 것을 쉽게 허락하지 않습니다. 슬픔의 과정에서 죄책감의 지배를 받게 되면, 우리는 영적 및 개인적 성장의 방해를 받습니다. 고통과 사랑의 관계는 흐려지고, 슬픔 속에서 성장이 일어날 잠재력은 자기의심, 자기혐오, 자기 비난으로 인해 가려집니다.

죄책감은 위안과 성장을 추구하는 것을 매우 어렵게 만듭니다. 문제를 더욱 복잡하게 만드는 것은, 죄책감이 거의 언제나 저절로 지속된다는 점입니다. 우리 대부분은 과도한 죄책감이 건강하지 않다는 것을 알기 때문에 죄책감을 느끼는 것에 대한 죄책감을 느끼며, 이 죄책감의 악순환을 '허용'한 자신을 다시 비난하는 덫에 빠집니다.

자책감에 사로잡힌 당신은 너무나 고통스러워서 삶이 비참하다고 느낄 수 있고, 자신이 그러한 숭고한 목표를 달성할 자격이 없기 때문에 성장이나 발전의 잠재력이 없다고 느낄 수도 있습니다.

# What to Do

몇 차례 심호흡을 하면서 자신의 몸을 이완하세요. 지금부터 당신의 죄책감에 대해 생각해봅니다. 이때 중요한 것은 죄책감을 부드럽고 친절하게 다루는 것입니다. 그것을 마치 조심스럽게 다루어야 하는 섬세한 유리구슬이라고 상상해 보세요. 그런 다음, 당신의 죄책감을 있는 그대로 바라보면서 스스로에게 물어보세요: "내가 용서받아야 할 것은 무엇인가?"

용서는 망각하는 것이 아닙니다. 용서는 당신이 겪은 일과 그로 인해 느꼈던 감정을 온전히 수용하고, 있는 그대로 바라보는 것입니다. 그리고 연민심을 가지고 죄책감이 당신의 삶에 미쳤던 영향을 놓아주기로 선택하는 것입니다.

이제 다음과 같이 자신에게 반복해서 천천히 말해줍니다:

1. "미안해."
2. "나는 나 자신을 무조건적으로 용서해."
3. "사랑해." 슬퍼하는 이유는 사랑 때문입니다.
4. "고마워." 죄책감은 언제나 사랑과 관련된 감정임을 기억합니다.
5. "이젠 안녕" 이제 죄책감과 작별합니다.

죄책감은 피할 수 있는 것이 아니고 아마도 앞으로 당신과 함께 할 가능성이 큽니다. 아니 그 감정들은 당신과 분명 함께 할 것입니다. 그러나 당신은 죄책감이 어떤 목적을 가지고 있는지, 그리고 진정한 삶을 위해 전념하는 것이 궁극적으로 죄책감을 덜 고통스럽게 만든다는 것을 깨닫기 시작했습니다.

# 병적 애도일까, 우울증일까?

Is It Prolonged Grief Disorder or Is It Depression?

## What to Know

슬픔이 개인에게 영적 변화를 일으킬 수 있다는 개념은 이 책의 중심 전제입니다. 그러나 이러한 과정이 창의적이고 삶을 긍정하는 일이기는 하지만, 결코 쉽지 않으며 유쾌하거나 즐겁게 느껴지지도 않습니다. 이것은 매우 힘든 일입니다. 주로는 슬픔과 함께 찾아오는 감정적 강렬함 때문입니다.

많은 사람들에게 이러한 불안한 생각과 강렬한 감정은 슬픔을 변화시키는 데 있어 장애물이 됩니다. 뿐만 아니라, 일상의 삶을 살아가는 데에도 방해가 되며 이것은 종종 우울증처럼 보일 수 있습니다.

## What to Do

다음은 주의해서 경과 관찰해보아야 할 몇 가지 중요한 점입니다:

비록 상실의 아픔이 우울증과 비슷하게 느껴질 수 있지만, 일반적으로 주요우울증은 상실 후 적어도 두 달이 지나서야 진단 내려집니다. 만일 두 달이 지나 증상이 지속된다면 정상적 애도 반응 대신 주요우울증을 진단받을 수 있습니다. 그러나 두 달 이전이라도, 다음과 같은 특정 증상이 있는 경우 주요우울증으로 진단될 수 있습니다:

- 사망 당시의 의료적 결정처럼, 당신의 선택이 아닌 일에 대한 심각한 수준의 죄책감
- 죽음에 대한 구체적인 생각
- 무가치함에 대한 집착
- 정상적인 활동을 할 수 없을 정도로 극심한 피로감과 기력저하
- 오랜 기간 동안 일상적인 활동을 할 수 없거나, 이전처럼 기능할 수 없는 상태가 지속될 때
- 상실한 대상과 상관없는 것에 대한 환각을 경험하는 경우

주요우울증 진단을 받으려면, 다음의 증상 중 첫 번째 두 가지를 포함하여 최소 다섯 가지 증상이 있어야 합니다:

1. 하루 중 대부분, 거의 매일 지속되는 우울한 기분이 주관적인 보고나 타인에 의한 관찰에서 드러남
2. 거의 매일, 하루 중 대부분의 시간동안 거의 모든 일상 활동에 대해 흥미나 즐거움이 현저히 저하됨
3. 체중 조절을 하고 있지 않은 상태에서 의미 있는 체중의 감소나 증가
4. 거의 매일 나타나는 불면이나 과다수면
5. 거의 매일 나타나는 심한 초조나 안절부절 또는 지나치게 처지거나 반응이 느림
6. 거의 매일 나타나는 피로나 활력 상실, 거의 매일 느끼는 무가치감 또는 과도하거나 부적절한 죄책감
7. 거의 매일 나타나는 사고력이나 집중력의 감소, 또는 우유부단함
8. 죽음이나 자살에 대한 반복적인 생각, 구체적인 자살 계획, 또는 자살 시도

이러한 증상 중 최소 다섯 가지가 상실 후에도 두 달 이상 거의 매일, 하루 중 대부분의 시간 동안 지속됩니다. 이러한 증상들이 일상 기능에 심각한 고통이나 장애를 일으키는 경우, 주요우울증으로 진단될 수 있습니다. 이러한

기준을 충족한다면, 전문가와의 상담을 통해 적절한 치료를 받는 것이 중요합니다.

우리의 경험에 따르면 사람들은 슬픔보다 우울할 때, 자신과 미래에 대해 더 절망적으로 느끼는 경향이 있습니다. 그러다 보면 절대적인 무력감에 빠져 친구나 가족으로부터 고립되거나 멀어지게 됩니다. 이러한 상태는 슬픔보다 우울증에서 특히 그렇습니다.

# 분노 조절하기

Handling Anger and Rage

## What to Know

당신이 상실을 경험하고 그 사건이 왜 일어났는지 납득할 수 없을 때 분노가 폭발할 수 있고, 그것은 두려움, 슬픔, 수치심, 죄책감과 같은 감정을 압도할 수 있습니다. 이 분노는 특정 개인에게 향할 수 있는데 비슷한 사건에서 무사히 살아남은 것처럼 보이는 사람들에게 향할 수 있습니다. 법 집행기관, 형사사법 시스템, 변호사, 보험회사를 상대하면서 계속해서 상처를 주는 시스템에 대해 분노를 표출할 수도 있습니다.

분노는 당신을 좌절시키는 일상의 사소한 사건들에서 터져 나올 수 있는데, 그것이 분노의 진짜 이유는 아닙니다. 당신이 겪는 상황에 대해 스스로를 비난하는 경우, 그 분노는 자신의 몸과 마음으로 향할 수 있습니다.

그런데 긍정적인 측면으로 보면 분노는 자신을 변화시키거나 어떤 목적을 위해 일하도록 동기를 부여할 수도 있습니다. 어떻든 간에 분노를 평가해 보고 분석하는 것이 중요합니다. 그러면서 분노를 가라앉힐 시간을 만드는 것은 유용한 전략입니다.

# What to Do

당신이 상처받고 부적절하게 분노를 표현했던 상황에 대해 당시의 생각과 감정을 떠올려 보세요. 아래의 문구들을 사용해 그 상황을 다시 상상해 보세요.

1. 나는 … 라고 믿었기 때문에 화가 났다.
2. 나는 … 로 분노를 표현했다.
3. 나는 아마 다르게 행동할 수 없었을 것이다. 왜냐하면 … 이기 때문이다.
4. 그러나, 내가 분노를 적절하게 표현할 수 있었다면, 나는 … 할 수 있었을 것이다.
5. 나의 분노에 대해 어떤 패턴이나 촉발 요인을 발견할 수 있는가?

분노는 적절한 방식으로 표현될 수 있으며, 그렇게 될 때 받아들여질 수 있습니다. 상황을 검토한 후에 분노를 표현하기로 결정했다면, 자신의 분노에 대해 다음 질문을 스스로에게 해볼 수 있습니다:

1. 분노가 나에게 어떤 메시지를 주었는가?
2. 나의 분노는 무엇을 보호하거나 회복하기 위함인가?
3. 나의 분노는 언제 고착되었는가?
4. 내 분노는 언제 격노 수준으로 폭발했는가?

당신이 스스로를 보호하기 위한 특정한 행동을 취하기 전까지는 분노가 가라앉지 않을 수도 있습니다. 때로는 분노가 전혀 다른 감정의 표현으로 나타나기도 합니다. 예를 들어, 어떤 사람들은 화가 났을 때 눈물을 흘리고 또 어떤 사람들은 약함을 느끼는 것이 불편하여 슬픔을 분노로 표현합니다. 비슷하게, 분노가 내면으로 향할 때 슬픔이나 우울증으로 표현될 수 있습니다. 분노가 자기 자신을 향하게 되면 수치심과 죄책감으로 변할 수도 있습니다.

당신의 분노가 사실은 무력함에서 오는 좌절이었을 때는 언제였습니까? 좌절은 격노로 발전할 수 있습니다. 다음 질문은 좌절을 다루는 데 도움될 수 있습니다:

- 당신의 좌절은 어떤 메시지를 전달하나요?
- 좌절을 해결하기 위해 다른 무엇을 할 수 있습니까?
- 누구에게 아이디어나 도움을 요청할 수 있습니까?

# 걱정 다루기

Dealing with Worry

## What to Know

당신이 느끼는 슬픔이나 고통이 당신을 걱정으로 이끌고 있습니까? 불확실하게 느껴지는 것들, 스트레스가 되는 상황들, 자신의 능력에 대한 혹은 미래에 일어날 일들에 대한 걱정 말입니다. 존 차드시 목사는 걱정이 비합리적이고, 부자연스럽고, 건강하지 않음을 지적한 바 있습니다. 걱정은 과거를 바꾸거나 미래를 통제하지 못하지만, 오늘 당신을 혼란스럽게 만든다는 점에서 그렇습니다.

걱정의 굴레에서 벗어나는 것은 쉽지 않습니다. 특히 슬픔을 겪고 있을 때는 더욱 그렇습니다. 하지만 당신의 삶에서 걱정을 다룰 수 있도록 돕는 몇 가지 방법이 있습니다.

## What to Do

"만약에…?", "어떻게 해야 하지?", "어떻게 대처할 수 있을까?"와 같은 걱정에 휩싸인 자신을 발견할 때, 걱정하는 것이 무엇이든 당신이 그것을 얼마나 통제할 수 있는지 평가해 보세요. 만약 어느 정도 통제할 수 있다면, 그것을 인식하는 것은 걱정의 압박에서 벗어나는데 도움이 됩니다.

만약 당신이 걱정하는 것이 통제할 수 없는 것이라면, 걱정을 그냥 놔둘 수 있는지 살펴보세요. 우리는 종종 걱정되는 것을 통제하기 위해 걱정에 빠져들곤 합니다. 하지만 그런 형태의 통제는 종종 환상에 불과합니다. 무슨 일이 일어날지에 대해 걱정하는 것은 실제로 그 일이 일어나는데 별다른 영향을 미치지 않습니다.

걱정을 내려놓는 것이 어렵다고 느낀다면, 믿음이 가는 사람에게 그 걱정에 대해 이야기해 보세요. 그러면 놔두어야 할 때 놔두기가 더 쉬워지고, 당신이 통제할 수 있을 때 그 통제력을 인식하기가 더 쉬워질 수 있습니다.

## More to Do

걱정을 붙들지 말고 놓아주는 것이 도움될 것입니다. 당신은 매일의 일상에서 스스로에게 도움되는 방향으로 자기연민과 자기친절을 실천하기 위해 노력해 볼 수 있습니다. 처음에는 어렵더라도 특히 도움이 되는 방법 중 하나가 '감사 연습'입니다.

당신의 삶에서 감사할 만한 것은 무엇입니까? 수많은 것들이 해당될 수 있습니다. 소중한 사람들, 좋아하는 장소, 오늘 당신에게 일어난 좋은 일들, 당신이 잘 해낸 일들, 반려동물, 소중한 기억들과 같이 크고 작은 것들 중에서 당신에게 기쁨을 주는 것들이 있을 것입니다.

# 효과적인 의사소통기술

Simple Communication Techniques

효과적인 의사소통을 통해 대인 관계는 나아질 수 있습니다. 말해야 할 것이 있어 누군가와 직접 대화하는 것이 필요할 때 효과적으로 의사소통하기 위해서는 명확한 메시지를 사용하여 자신의 의도를 분명히 전달하여야 합니다. 또, 사실적인 진술이 필요할 때는 객관적이고 구체적으로 내용을 전달하고, 자신의 욕구와 감정을 명확히 표현합니다. 상대방의 감정을 상하게 할 의도가 없어야 하며, 말하는 것뿐만 아니라 상대방의 말을 적극적으로 경청하는 것도 중요합니다.

## What to Do

**탐색질문하기:** 누군가와 소통하고 싶다면, 상대방이 어떻게 생각하고 느끼는지에 대한 더 나은 정보를 얻기 위해 탐색질문(probing questions)을 할 수 있습니다. 탐색질문은 상대방이 자신이 방금 한 말에 대해 더 깊이 생각하고, 그것을 명확히 할 수 있도록 유도합니다. 탐색질문을 한다고 해서 상대방이 '틀렸다'는 뜻이 아닙니다. 명확히 하기 위해, 특정 이슈에 관해 다시 설명해 달라고 요청하거나, "방금 하신 말씀은 무슨 뜻인가요?"라고 물어볼 수 있습니다.

**자기 감정 진술하기:** 또 다른 기본적인 의사소통 기술은 "나는 당신과 함께 있을 때 행복해요."와 같은 '나-진술'을 통해 자신의 감정을 설명하는 것입니다. 이것의 목적은 대화를 시작하여 관계를 개선하고자 하는 것입니다. 누군가가 당신을 이해하려면 당신이 어떻게 느끼는지를 정확하게 알아야 합니다. 자기 감정 진술하기는 마음의 상태를 보고하는 것이며, 이는 의사소통과 상호관계를 위해 도움이 되는 정보를 제공합니다.

**행동 서술하기:** '행동 서술하기'는 효과적인 의사소통을 돕는 또 다른 기본 기술입니다. 이 기술은 당신이 관찰한 상대방의 특정 행동에 대해 비판단적인 태도로 서술하는 것입니다:

"지난 며칠 동안 의견을 낼 때마다 제가 받은 피드백은 이의제기 아니면 반대뿐이었습니다."

행동 서술하기의 목적은 각자가 서로에게 미치는 영향과 관계에 대해 의논하는 기회를 제공하는 것입니다. 이 기술을 사용할 때는 행동을 명확하게 묘사하고, 다른 사람들도 관찰할 수 있는 증거와 행동에 대해 서술하는 것이 중요합니다. 관찰한 것 이상으로 추론하려는 시도는 피해야 합니다.

**적극적 경청하기:** 적극적 경청은 상대방의 관점에서 보려고 노력하면서 열린 태도로 듣는 것입니다. 또한 상대방의 감정 상태 또는 느낌에 대해 이해하고 공감적인 태도로 듣습니다. 상대방의 말과 당신이 이미 알고 있는 사실이 어떻게 일치하는지 인식하려고 노력하면서 주의 깊게 듣습니다. 경청할 때는 상대방과 눈을 맞추고, 적당한 거리를 유지합니다. 적극적 경청에는 '재진술'도 포함됩니다. 다른 사람이 말한 내용을 재진술하는 것은 상대방의 진술이 의미하는 바를 당신이 어떻게 이해했는지를 다른 표현을 사용하여 되돌려 주는 것입니다. 상대방이 한 말을 그대로 되풀이하는 것이 아니라, 당신이 이해한 내용을 질문 형식으로 확인하는 것입니다. 예를 들어, 다음과 같이 사

용할 수 있습니다: "제가 제대로 들었다면, 내일 밤 파티에 가고 싶지 않은 이유가 당신의 전부인이 거기에 있을 수 있기 때문이라는 말씀이시죠. 맞나요?"

**유머 사용:** 유머를 사용하면 긴장이 풀리고 부정적인 감정이 줄어듭니다. 또, 동지애를 느끼게 하거나, 어떤 부분을 강조하는 데 도움이 될 수 있습니다. 유머는 감정을 더 개방적이고 자연스럽게 표현하는 데 도움이 될 수 있습니다. 과장, 아이러니, 말장난 등 다양한 방식으로 유머를 사용할 수 있습니다. 유머는 상대방을 공격하는 방식이 되어서는 안 되며, 상대방을 상처 주기 위한 조롱이나 비꼬기로 이어져서는 안 됩니다. 유머가 효과적으로 사용되면, 상황을 더 즐겁게 만들고 관계를 개선할 수 있습니다. 웃음은 건강한 면역 체계에 도움되고, 스트레스 호르몬을 줄이며 장기간에 걸쳐 칼로리를 소모시킵니다. 이렇듯 우리가 웃어야 할 이유는 많은 듯합니다.

**나-전달법 사용하기:** '나-전달법'은 듣는 사람이 아닌, 말하는 사람에게 초점을 맞춘 '나'를 주어로 하는 대화법으로, 상대방에 대한 비난이나 비평 없이 상대방의 행동이 자신에게 미치는 영향을 설명합니다.

나-전달법을 사용할 때는 3가지 부분으로 나누어 상대방의 행동, 그것이 자신에게 미치는 영향, 그리고 그 이유를 설명합니다:

1. 당신이 __________할 때(행동 서술하기)
2. 나는 __________라고 느낍니다(자기 감정 진술하기)
3. 왜냐하면 __________이기 때문입니다(이유에 대해 설명하기)

## More to Do

다음은 효과적인 경청을 위한 몇 가지 지침입니다:

1. 침묵하세요.
2. 상대방에게 완전히 집중하세요. 눈맞춤을 하고, 존중하는 마음을 보여

주세요.

3. 긍정적인 고갯짓과 적절한 표정으로 공감을 표현하세요.

4. 상대방이 말하는 중에 끼어들지 말고, 상대방에게 말할 시간을 충분히 주세요.

5. 강한 감정이 올라올 때는 바로 행동하지 마세요. 분노, 혼란, 혹은 반응하고 싶은 자신의 욕구를 통제하고, 자신의 차례가 올 때까지 말하지 마세요(그리고 말할 때는 가능한 한 친절하고 침착하게 말하세요).

6. 자신의 차례가 되었을 때는, 앞서 설명된 의사소통기술을 사용하세요. 탐색질문, 재진술, 감정과 행동 서술하기 등

# 좋은 관계를 위한 서약

The Relationship Contract

## What to Know

상실을 겪은 사람은 다른 사람들과 함께 할 때 더 이상 편안함이 느껴지지 않는다고 합니다. 특히 비슷한 상실의 경험이 없는 사람들과 있을 때 그럴 수 있습니다. 또한 특정 상황이 안전하지 않다고 인식하게 되었거나, 위협을 느꼈거나, 신뢰했던 사람들로부터 상처받은 경험이 있다면 타인과 관계를 맺는 데 특별한 어려움을 겪을 수 있습니다.

건강하고 좋은 관계는 아래와 같은 몇 가지 특징을 가집니다:

- 상호 존중, 공감, 평등
- 명확한 심리적 경계
- 자율성, 의존성, 상호 의존성의 균형
- 함께 있지 않을 때도 상대방의 존재를 계속해서 인식하는 것
- 어려움을 해결하기 위한 타협의 사용
- 기본적 신뢰

지금 당신은 당신의 인간관계에 대해 어떻게 느끼고 있습니까? 누구와 함께 있을 때 편안함을 느끼나요? 누구와 함께 있을 때 안전함을 느끼나요? 누구에게 애착을 가지고 있나요?

계속 관계를 유지하고는 싶지만 그들과 당신 사이에 새로운 경계가 필요

하거나 서로에 대한 기대치를 다시 정할 필요가 있다면, 더 나은 관계를 위한 서약을 작성해 보는 것은 지혜로운 방법입니다. 또는, 어려운 시기에 특별히 당신을 지지해 주었거나 당신이 소중히 여기는 사람들이 있다면, 그들이 해 준 모든 일에 대한 감사 노트를 써 볼 수 있습니다.

## What to Do

다음은 좋은 관계를 위한 서약서를 작성하거나 감사 노트를 쓸 때 참고할 수 있는, 진정성 있는 관계에서 사람들이 보여주는 특성들의 목록입니다. 진정성 있는 관계에 있는 사람들은:

- 감정을 정보로 활용합니다.
- 불편한 감정(자신의 감정이든 다른 사람의 감정이든)을 당황하지 않고 받아들입니다.
- 타인의 감정을 받아들일 때 당황하지 않고 그저 느끼며 흘러가게 둡니다.
- 잘못된 행동을 하나의 의사소통방식으로 봅니다.
- 민감하고 유연한 경계를 가지고 있습니다.
- 관계 안에서 공유되는 감정이 어떻게 작용하는지 이해합니다. 이것은 타인의 감정을 받아들이는 것, 공감, 투사, 전이, 그리고 조건화된 감정 패턴을 포함할 수 있습니다.
- 관계에서 타인을 바꾸고자 하는 유혹에 대해 저항합니다.
- 관계에서 타인을 지지하며, '가능성의 신성한 공간'을 지킵니다.
- 사랑을 상대방을 존중한다는 약속으로 봅니다.
- 다른 사람을 섬기는데 중점을 두면서 진심을 다합니다.
- 정직한 의사소통을 위해 노력합니다.
- 타인에게 우호적인 태도를 보입니다.
- 인내심을 가집니다.

- 의리를 하나의 약속으로 봅니다.
- 공동의 목적을 공유하며 관계 안에서 결속합니다.
- 재미와 즐거움을 함께 나눕니다.

다음은 좋은 관계를 위한 서약의 예시입니다.

[          ]에게,

저는 우리의 관계를 소중히 여깁니다. 하지만 몇 가지 변화가 필요하다고 느낍니다. 우리가 서로 소통하고 관계를 맺는 방식에 대해 몇 가지 약속을 정하고 싶습니다.

저는 다음과 같이 서약합니다:

- 당신에 대한 저의 기대를 명확히 할 것이다.
- 특히 힘겨운 대화를 나눌 때, 당신의 감정을 충분히 받아들이고 존중할 것이다.
- 만족스럽지 않을 때는 당신에게 알릴 것이다.
- 만족스럽지 않을 때 어떻게 개선할 수 있을지 당신과 함께 모색할 것이다.

당신을 존중과 사랑으로 대할 것이다.

만약 우리 관계에 대한 당신의 기대가 있다면, 그것도 듣고 싶습니다.

진심을 담아,

[          ] 드림

# 수면 루틴 정하기

Having a Bedtime Plan

## What to Know

우리는 종종 슬픔으로 힘겨울 때 잠들거나 잠을 유지하는 데 어려움을 겪습니다. 그러나 수면 환경을 개선함으로써 더 나은 잠을 잘 수 있습니다: 잠에 도움되는 분위기를 조성하고, 좋은 수면 습관과 실천을 통해 가능합니다. 바꿀 수 있는 것부터 시작하면 됩니다.

## What to Do

잠을 잘 이루지 못하고 있다면, 다음 방법들을 시도해보세요.

- 낮 동안에 신체 운동을 하세요(하지만 잠자리에 들기 직전에는 운동을 피하세요).
- 잠자리에 들기 두시간 전부터는 물을 마시지 않도록 하여, 화장실에 가기 위해 일어나지 않도록 하세요.
- 필요하다면 잠자기 전에 가벼운 음식을 먹고, 카페인은 피하세요.
- 늦은 오후 또는 이른 저녁 시간에 산책을 통해 몸을 피곤하게 만들고 체온을 올리세요. 체온이 떨어지기 시작하면(산책이 끝난 후) 졸릴 수 있습니다.

- 걱정 때문에 잠들기 어려운 경우, '걱정 시간'을 미리 정하고 잠자리에 들기 최소 두 시간 전에 걱정 시간을 활용하세요.
- 하루 중에 일어난 일에 대해 일기를 쓰거나 음성 녹음을 하세요(하지만 고통스럽거나 힘든 경험에 대해서는 피하세요).
- 동일한 장소에서 자고 여기저기 잠자리를 옮기지 마세요(거실 소파가 아닌 침대에서 자는 것이 원칙입니다).
- 취침 시간과 기상 시간을 일정하게 유지하세요. 실제로 언제 잠이 들든 상관없이 매일 같은 시간에 잠자리에 들도록 노력하세요.
- 편안하고 시원한 온도를 설정하고 실내 온도를 모니터링하세요.
- 편안한 음악을 들어보세요.
- 이완되는 오디오 녹음을 들어보세요.
- 잠자리에 들기 전에 이완 기술을 연습하세요.
- 기도하세요.
- 처방 약물 또는 수면보조제로 멜라토닌을 복용하세요.
- 잠자리에 들기 전에 당신을 달래거나 진정시켜 주는 누군가와 대화를 나누어 보세요.
- 잠자리에 들기 직전에 다투지는 마세요.
- 지루한 일을 하거나 지루한 책을 읽어보세요.
- 필요하다면 야간 조명을 사용하세요.
- 매일 수면일지를 작성하여 수면 패턴을 모니터링하세요.
- 혹시 현재 복용 중인 약물이 수면을 방해하는 것은 아닌지 의사와 상담하세요.

## More to Do

수면과 관련하여 루틴을 만들어 지키는 것이 가장 효과적입니다. 다음의 방법들을 참조하세요. 제대로 되지 않는다고 실망하지 마세요. 스스로에게

자비로운 태도를 가지고 꾸준히 실천해 본다면 언젠가는 놀라운 변화가 일어
날 것입니다.

1. 당신에게 맞는 일정한 취침 시간을 정하고, 최소 한 주동안은 이 시간
   에 잠자리에 듭니다.
2. 그 취침 시간 약 두 시간 전에, 긴장을 풀고 이완을 돕는 활동을 합니
   다. 필요하다면 당신의 애도의 장소(1부 참조)를 활용하고 당신을 자
   극하는 활동이나 상황은 피합니다.
3. 실제 취침 시간 최소 한 시간 전에 잠자리 루틴(아침에 입을 옷을 준비
   하고, 이를 닦는 등)을 시작합니다.
4. 침실 환경이 안전하고 편안한지 확인합니다: 옷장, 창문 등을 점검하
   고, 악몽, 회상, 침습적 사고를 촉발할 수 있는 물건(사진, 그림, 소지
   품)을 치웁니다.
5. 잠자리에 함께하고 싶은 것(특별한 이불, 인형, 반려동물 등)을 챙깁니
   다.
6. 당신을 괴롭힐 수 있는 생각과 감정은 계속해서 억제합니다.
7. 수면에 도움을 줄 이완 기술을 사용합니다.
8. 수면을 위해 잠자리에 눕습니다.
9. 편안한 음악이나 오디오 녹음을 사용한다면, 그것을 틉니다.
10. 눈을 감고 잠에 빠져 듭니다.

# 감정의 경계 설정하기

Setting Emotional Boundaries

## What to Know

감정의 경계를 갖는 것은 다른 사람을 실망시키거나 상처 주는 것에 대한 걱정 없이 한계를 설정할 수 있다는 것을 의미합니다. 자신이 원하는 것 또는 마땅히 받아야 할 것을 요청하는 것 또한 감정의 경계를 설정하는 방법 중 하나입니다. 감정의 경계를 갖고 있다면 당신은 버림받거나, 미움 받거나, 상처 받거나, 공격당할지에 대한 걱정을 하지 않게 됩니다. 슬픔은 때때로 경계에 대한 감각을 약화시킬 수 있습니다. 우리가 무엇을 필요로 하는지 알고 이를 다른 사람들에게 전달하는 능력에 영향을 줄 수 있습니다.

## What to Do

감정의 경계를 설정하는 것은 자신만의 '권리 목록'을 만드는 것을 포함합니다. 당신의 권리를 목록으로 만들어 보는 것은 감정의 경계를 설정하고 위험을 감수할 수 있게 도와줍니다.

아래는 사람들이 종종 선택하는 개인적인 권리들입니다. 어떤 것들을 당신의 권리 목록에 추가할지 생각해 보고, 필요하면 자신만의 권리들을 새롭게 만들어보세요.

- 나는 다른 사람들을 내 개인 공간 밖에 둘 권리가 있다.
- 나는 나에게 필요한 것들이 있으며, 그것들을 충족시키기 위해 노력할 수 있다.
- 나는 내 감정을 그대로 표현할 권리가 있다.
- 나는 실수할 권리가 있다.
- 나는 내 생각(또는 신념)을 바꿀 권리가 있다.
- 나는 나자신을 변화시킬 권리가 있다.
- 나는 도움을 요청할 권리가 있다.
- 나는 경계를 설정할 권리가 있다.
- 나는 혼자 있고 싶을 때 혼자 있을 권리가 있다.
- 나는 과거를 놓아줄 권리가 있다.
- 나는 스스로를 지지할 권리가 있다.
- 나는 다른 사람들로부터 지지를 받을 권리가 있다.
- 나는 목표를 설정하고 그것들을 우선시할 권리가 있다.
- 나는 나 자신을 칭찬할 권리가 있다.
- 나는 내가 완벽하지 않을 때 나 자신을 용서할 권리가 있다.
- 나는 나 자신에게 비현실적인 요구를 멈출 권리가 있다.
- 나는 내 책임이 아니었던 일로 스스로를 비난하는 것을 멈출 권리가 있다.
- 나는 내가 성공할 수 있다고 믿을 권리가 있다.
- 나는 나 자신을 적절히 평가할 권리가 있다.
- 나는 다른 사람들에 앞서 나 자신을 먼저 돌볼 권리가 있다.
- 나는 친밀함이나 성적인 요청에 대해 거절할 권리가 있다.

권리 목록을 갖게 되면 자신에게 필요한 것과 원하는 것이 무엇인지 결정하는 것이 크게 어렵지 않습니다. 또한, '아니오'라고 말하는 것이 옳을 때는 단호하게 '아니오'라고 말하고, 거절할 필요가 있거나 특정한 어떤 사항을 요청할 때 주변 사람들의 반응을 받아들이는 것이 더 쉬워질 것입니다.

# 식사와 운동

Diet and Exercise

## What to Know

간단한 생활 습관 개선은 스트레스를 줄이는 데 매우 효과적일 수 있습니다. 이러한 변화는 우리가 식단을 개선하고 규칙적으로 운동할 때 더욱 효과적으로 작용합니다.

우리 몸은 생존을 위해 미네랄, 비타민, 아미노산, 지방 등 다양한 필수 영양소를 필요로 합니다. 스트레스는 이러한 필수 요소를 고갈시키고, 몸의 시스템은 스트레스를 관리하기 위해 더 열심히 작동합니다. 이는 곧 식단이 우리를 도울 수 있는 중요한 부분이라는 것을 의미합니다. 채소와 과일은 섬유질, 미네랄, 비타민이 풍부합니다. 김치, 요쿠르트와 같은 유산균이 풍부한 식품을 섭취하는 것을 고려해 보세요. 또한, 모든 지방이 나쁜 것은 아닙니다. 버터에는 장 내벽을 위한 중요한 영양소가 포함되어 있고, 아보카도, 코코넛 오일, 생선 기름은 뇌를 포함한 온몸의 모든 세포막을 구성하고 회복시키는 데 도움이 됩니다.

정상적인 혈당을 유지하는 것도 중요합니다. 스트레스를 받으면 스트레스 호르몬인 코르티솔이 상승하고 일시적으로 인슐린 저항성을 증가시킵니다. 그러면서 혈액 내 당을 에너지원으로 즉시 사용하게 하여 우리가 위협으로 인식하는 상황에 맞서 싸우거나 도망가는 반응을 촉발합니다. 하지만 만성적인 스트레스는 지속적으로 혈당을 높이는 결과를 초래하는데, 이는 우리가 느끼는 기분에까지 영향을 미칠 수 있습니다.

## What to Do

당신의 몸은 당신이 무엇을 필요로 하는지 알려줍니다. 그러므로 어떤 종류의 음식이 당신을 피곤하고 불안하게 만들며 짜증나게 하는지 모니터링 하는 것은 큰 도움이 될 것입니다. 자신의 반응을 관찰하고 이러한 순간을 알아차림 하세요. 채소와 과일, 통곡물, 좋은 단백질, 그리고 균형 잡힌 식단을 유지하세요. 추가로, 다음의 제안들을 고려해 볼 수 있습니다:

- **제거:** 몸이 잘 소화하지 못하는 음식을 피합니다.
- **대체:** 소화 효소를 추가하면 음식을 완전히 분해할 수 있도록 돕습니다.
- **재투여:** 장에 좋은 박테리아(프로바이오틱스)가 충분히 있는지 확인합니다.
- **복구:** 장이 치유되는데 최소 2-3주가 걸립니다. L-글루타민과 오메가-3 지방산과 같은 영양제가 도움이 될 수 있습니다.

## More to Do

운동은 스트레스 호르몬과 수면 주기를 조절하고, 심박수를 관리하는 데 도움을 줄 수 있습니다. 일반적으로 매일 30분 이상, 주 5일의 운동이 권장됩니다. 대부분의 사람들은 일상생활에서 충분히 움직이지 않습니다. 그러나 중요한 것은 몸의 소리에 귀를 기울이는 것입니다. 때로는 스트레스나 슬픔을 겪을 때, 부드러운 형태의 운동이 더 좋을 수 있습니다. 예를 들어, 가벼운 산책을 시작으로 더 많은 운동을 시도해볼 수 있습니다. 또는 태극권이나 요가를 시작으로, 체력이 향상됨에 따라 더 강도 높은 운동으로 발전시킬 수 있습니다.

운동 후에 완전히 지쳐서 즉시 잠자리에 들거나 하루 종일 제대로 기능하지 못한다고 생각되거나 운동이 부상으로 이어진다면, 당신의 운동 계획은 아마도 너무 과한 것입니다. 몸은 충분한 휴식과 회복을 위한 시간이 필요하다는 점을 기억하세요. 운동을 생활에 천천히, 꾸준히 도입하는 것이 너무 빨리 과도하게 하다가 지쳐버리는 것보다 더 지속 가능한 방법입니다.

# 결론

이 책을 통해 우리는 슬픔의 다채로운 감정적 지형을 탐색하고, 그 도전과 복삽성, 그리고 슬픔이 인간 경험을 형성하는 방식을 깊이 살펴보았습니다. 사랑하는 이의 죽음이든, 소중한 관계의 종결이든, 혹은 사회적 변화가 가져온 상실감이든, 이러한 슬픔을 다루는 능력은 우리의 웰빙에 있어 핵심적인 요소입니다. 이 책의 핵심 메시지 중 하나는 슬픔을 느끼는 것이 무거운 짐을 지는 것이 아니라는 점입니다. 오히려 상실을 제대로 받아들이고 처리하는 과정에는 깊은 힘과 의미가 담겨 있습니다. 이는 치유와 개인적 성장을 촉진하고, 회복력을 강화하며, 공동체의 유대를 돈독히 하고, 타인을 향한 연민과 이해를 깊게 합니다.

슬픔을 다루는 과정의 본질은 상처받은 마음을 회복시키는 그 치유의 잠재력에 있습니다. 우리가 슬픔을 직면하고 수용할 때, 우리는 자기 발견의 여정을 시작하고 자신을 감정을 있는 그대로 인정하며 상실이라는 고통스러운 현실을 받아들이게 됩니다. 이 과정은 단순히 고통에서 벗어나기 위해 완수해 내는 것이 아니며, 오히려 상실과 관련된 복잡한 감정을 직면하고 통합하는 용기 있는 행동으로 생각되어야 합니다. 이 책에서 소개한 많은 연습이 보여주었듯이, 검증된 심리 기법을 사용하는 것은 고통과 감정의 카타르시스적 해방을 경험하게 하여 치유의 길을 열어줍니다.

시간이 지나면서, 상실 후에 위안을 찾고 의미를 발견하게 되면서 슬픔을 처리하는 것이 얼마나 중요한지 더 명확해집니다. 많은 자기 성찰과 내면

탐구 활동을 통해, 당신은 자신과 자신의 관계에 대한 새로운 통찰을 발견하고, 수용과 내면의 평화를 향한 길을 찾을 수 있습니다. 이 치유 과정은 각자에게 고유한 것이므로, 다른 사람들과 자신을 비교하며 스스로를 너무 가혹하게 대하지 마세요.

이 과정의 또 다른 결과는 개인적 성장일 수 있습니다. 상실을 직면할 때, 우리는 삶의 무상함을 직면하게 되며, 이는 우리의 우선순위와 가치를 재평가하도록 이끕니다. 상실은 자연스럽게 우리의 목표와 열망을 새롭게 조정하도록 만듭니다. 우리는 우리의 취약성을 직면하게 되며, 이를 통해 회복력과 강인함을 키우게 됩니다. 우리의 고통을 인정하고 이를 통해 나아갈 때, 우리는 종종 더 큰 감정적 성숙과 자신 및 타인에 대한 깊은 이해를 얻게 됩니다. 그 결과, 이 책에서 사용한 메커니즘과 감정을 다루는 기술들은 앞으로의 도전에서도 우리를 도울 수 있습니다.

또한, 타인이 겪고 있을 고통에 대한 깊은 이해도 얻을 수 있습니다. 상실과 고통은 다른 사람들이 누구이며, 그들이 무엇을 겪었는지 우리가 이해하는 데 도움을 줍니다. 이렇게 새롭게 얻은 공감 능력은 주변 사람들과 더 깊이 연결되고 서로를 지지하는 관계망을 형성함으로써 치유와 성장의 길을 열어 줍니다. 무언가를 잃고 세상이 외롭고 단절된 것처럼 느껴질 때, 슬픔을 겪으며 깨닫게 되는 공감과 연민은 우리를 다시 하나로 연결하는 강력한 통합의 힘으로 작용합니다.

이 책은 상실을 직면하고 처리하는 데 필요한 핵심 도구들을 제공하고자 했습니다. 이 책이 당신의 여정에 좋은 동반자가 되었기를 바라며, 이 책에서 제시된 아이디어 중 한두 개라도 당신에게 도움을 주었기를 바랍니다. 슬픔의 과정을 이제 막 시작했든, 혹은 이미 상당한 여정을 거쳐왔든, 슬픔을 건강하게 다루기 위한 도구와 지혜를 모으고 활용하는 것은 언제나 가치 있는 일입니다.

치유는 우리가 잃어버린 사람들을 잊는 것이 아니라, 그들의 기억을 우리의 삶 속에 통합하는 것입니다. 그들은 영원히 당신의 일부로 남아 있을 것입니다(심지어 앞으로도 다른 기회들이 있을 것이며, 당신에게는 미래에 기쁨이 올 것입니다). 그리고 상실이 우리에게 남긴 유산은 계속해서 당신의 이야기를 형성하고 당신의 행동에 영감을 줄 것입니다.

상실은 피할 수 없는 일이며, 그 경험에서 오는 감정들은 갑작스럽게, 파도처럼, 그리고 예상치 못하게 찾아올 것입니다. 이러한 경험들이 당신에게 고유한 것일 수 있으면서도, 동시에 우리 모두가 공유하는 것임을 기억하세요. 당신은 혼자가 아닙니다. 슬픔은 우리 모두가 인생의 어느 시점에서 겪어야 할 여정입니다. 이는 아마도 당신이 선택한 여정이 아닐 것이지만, 용기와 회복력, 연민으로 그 여정을 헤쳐 나갈 수 있습니다.

당신이 슬픔의 깊은 곳에서 헤어 나와 다시 한번 삶의 아름다움을 발견하고, 따뜻하고 또 강인한 마음으로 앞으로 나아가기를 진심으로 바랍니다.

# 참고문헌

American Psychological Association [APA]. 2019. "Manage Stress: Strengthen Your Support Network." Last modified October 21, 2022. http://www.apa.org/topics/stress/manage-social-support.

Bowthorpe, J., ed. 2014. Stop the Thyroid Madness II: How Thyroid Experts Are Challenging Ineffective Treatments and Improving the Lives of Patients. Dolores, CO: Laughing Grape Publishing.

Byock, I. 1997. Dying Well: Peace and Possibilities at the End of Life. New York: Riverhead Books.

Chadsey, J., and J. Kim. 2014. "Happiness Can Be Learned Through Christ. The Habits of Happiness, Part 5." Sermon delivered at the United Methodist Church in Warrenton, Virginia, October 26.

Cohen, B. M., M. Barnes, and A. B. Rankin. 1995. Managing Traumatic Stress Through Art: Drawing from the Center. Baltimore, MD: Sidran Press.

Lichtenthal, W. G., and D. G. Cruess. 2010. "Effects of Directed Written Disclosure on Grief and Distress Symptoms Among Bereaved Individuals." Death Studies 34(6): 475–499. Resick, P. A. 1994. "Cognitive Processing Therapy (CPT) for RapeRelated PTSD and Depression." NC-PTSD Clinical Quarterly 4(3/4): 1, 3–5.

Rothschild, B. 2000. The Body Remembers: The Psychophysiology of Trauma and Trauma Treatment. New York: W. W. Norton.

Van der Oord, S., S. Lucassen, A. A. Van Emmerik, and P. M. Emmelkamp. 2010. "Treatment of Post-Traumatic Stress Disorder in Children Using Cognitive Behavioural Writing Therapy." Clinical Psychology and Psychotherapy 17(3): 240–249.

이 책은 다음의 저작물에서 발췌한 내용을 바탕으로 편집되었습니다:

알렉산드라 케네디
『Honoring Grief: Creating a Space to Let Yourself Heal』

러스 해리스
『Trauma-Focused ACT: A Practitioner's Guide to Working with Mind, Body, and Emotion Using Acceptance and Commitment Therapy』

사밋 쿠마르
『Grieving Mindfully: A Compassionate and Spiritual Guide to Coping with Loss』

메리 베스 윌리엄스와 소일리 포이줄라
『The PTSD Workbook, 3rd ed.: Simple, Effective Techniques for Overcoming Traumatic Stress Symptoms』

# 지은이

## 러스 해리스

국제적으로 인정받는 수용전념치료(ACT) 트레이너이자, ACT 기반 자기 계발서인《행복의 함정》(The Happiness Trap)의 저자이다. 그의 책은 100만 부 이상 판매되었으며 30개 언어로 출판되었다. 그는 ACT를 간단하고 명확하며 재미있게 가르치는 능력으로 유명하다.

## 알렉산드라 케네디

49년 동안 개인 상담을 해온 심리치료사이자《부모의 상실》(Losing a Parent),《슬픔에 대한 존중》(Honoring Grief),《무한한 실》(The Infinite Thread: Healing Relationships Beyond Loss), 그리고《이 모든 것을 이전에 놓쳤나요?》(How Did I Miss All This Before?: Waking Up to the Magic of Our Ordinary Lives) 등의 저자이다. 그녀는 John F. Kennedy University, University of California, Santa Cruz Extension, 그리고 Institute of Transpersonal Psychology에서 강의했으며, USA Today, The Mercury News, San Francisco Examiner, Boston Herald 등의 매체에서 인터뷰를 진행했다. 또한 NPR의 Talk of the Nation, CNN의 Sonja Live, KQED의 Family Talk 및 New Dimensions Radio

에 출연했다.

## 사밋 쿠마르

플로리다주 브로워드 카운티에 있는 Memorial Healthcare System Cancer Institute에서 활동하는 심리학자이며, 10년 이상 생애 말기와 애도와 관련된 일을 해왔다. 그는 《마음챙김으로 애도하기》(Grieving Mindfully)와 《걱정과 반추를 통한 마음챙김의 길》(The Mindful Path Through Worry and Rumination)의 저자이다.

## 메리 베스 윌리암스

책의 저자, 연구자, 강연자, 그리고 트라우마 분야의 트레이너이다. 또한, 버지니아주 워렌턴에 있는 트라우마 회복 교육 및 상담센터에서 트라우마 생존자들을 치료하고 있다. 그녀는 Association of Traumatic Stress Specialists의 전 회장이며, 미국 관세국경보호청(US Customs and Border Protection)의 트레이너이자, 비영리 단체인 US Vet Source의 공동 설립자이다. 그녀는 트라우마관련장애에 관한 많은 저널과 책의 저자이다.

## 소일리 포이줄라

임상 심리학자이자 공인 심리치료사이며, 핀란드의 트라우마 심리학 센터인 Oy Synolon Ltd.의 디렉터로 활동하고 있다. 그녀는 외상 후 심리치료의 개발자로서 선구적인 역할을 해왔다.

# 옮긴이

**정영은**

　가톨릭대학교 의과대학을 졸업하고, 가톨릭대학교 대학원에서 정신의학 박사학위를 취득하였다. 캐나다 브리티쉬콜럼비아대학교 기분장애 클리닉에서 방문교수를 다녀왔으며 현재 제주의대 정신건강의학과 교수, 제주광역정신건강복지센터장으로 재직 중이다. 대한명상의학회, 한국인지행동치료학회, 대한정서인지행동의학회, 대한우울조울병학회, 대한불안의학회, 대한정신약물학회 등에서 상임이사로 활동하고 있으며, 지금까지 우울 및 불안 등의 정서장애를 주제로 국내외 주요학술지에 200여편의 논문을 게재한 바 있다. 최근에는 몸과 마음의 고통으로 어려움을 겪는 사람들을 돕기 위해 <감정과 사랑 연구회>를 창립하고 마음챙김과 컴패션을 활용한 정신치료적 개입 방법에 많은 관심을 가지고 열심히 연구하고 있다.